Il terzo spazio

I0585230

PETER LANG

Bern · Berlin · Bruxelles · New York · Oxford

Europa in Kontakt:
Sprachen, Literaturen und Kulturen in Bewegung

Europa in contatto:
lingue, letterature e culture in movimento

Europe in Contact:
Languages, Literatures and Cultures in Movement

L'Europe en contact:
langues, littératures et cultures en mouvement

Herausgegeben von Rossella Pugliese, Fiorella De Rosa
und Annafrancesca Naccarato

Band 2

Rossella Pugliese / Fiorella De Rosa /
Annafrancesca Naccarato (eds.)

Il terzo spazio

La traduzione nelle parole di chi scrive

PETER LANG

Bern · Berlin · Bruxelles · New York · Oxford

Bibliographic Information published by the Deutsche Nationalbiblio-thek
The Deutsche Nationalbibliothek lists this publication in
the Deutsche Nationalbibliografie; detailed bibliographic
data is available online at http://dnb.d-nb.de..

ISSN 2673-2130
ISBN 978-3-0343-3942-1 (Print)
E-ISBN 978-3-0343-4159-2 (E-PDF) • E-ISBN 978-3-0343-4160-8 (EPUB)
E-ISBN 978-3-0343-4161-5 (MOBI) • DOI 10.3726/b17819

Diese Publikation wurde begutachtet.

© Peter Lang AG, Internationaler Verlag der Wissenschaften, Bern 2021
Wabernstrasse 40, CH-3007 Bern, Schweiz
bern@peterlang.com, www.peterlang.com

Indice

La collana *Europa in contatto: Lingue, Letterature e Culture in movimento* –
nata da un'idea elaborata dalle curatrici Rossella Pugliese, Fiorella De Rosa e
Annafrancesca Naccarato insieme ad Alessandro Gaudio – pubblica ricerche
negli ambiti della germanistica, della romanistica, dell'italianistica e degli studi
albanologici. Comprende monografie, miscellanee ed edizioni di testi di singoli
autori affiancate da un adeguato apparato critico nelle lingue tedesco, inglese,
italiano, francese e spagnolo.

Il terzo spazio.
La traduzione nelle parole di chi scrive

Introduzione

Nei diversi filoni di ricerca che caratterizzano gli studi contemporanei sulla traduzione, è ormai unanimamente riconosciuto l'indissolubile legame tra la riflessione teorica e la pratica traduttiva, nonché il valore euristico del pensiero traduttologico nel campo delle scienze umane. In ambito letterario, l'attività della traduzione è diventata un operatore conoscitivo della natura stessa della creazione letteraria e della pluralità della vita simbolica delle società nelle lingue e nelle culture. Aprendo lo spazio teorico dell'*entre-deux* linguistico e culturale, il processo traduttivo si configura quindi come esperienza e rappresentazione dell'identità e dell'alterità, nozioni che si ridefiniscono nel contatto dinamico tra sistemi letterari e culturali diversi.

In tale prospettiva, il presente volume intende offrire uno spazio di riflessione dedicato all'attività di traduzione e di analisi del processo traduttivo nell'opera di alcuni scrittori appartenenti ad ambiti culturali diversi. In particolare, la miscellanea di studi proposta permette di indagare il valore del plurilinguismo nella produzione creativa attraverso l'analisi dei fenomeni dell'autotraduzione, della scrittura creativa in una lingua estranea allo sviluppo delle competenze linguistiche materne e nell'ambito della produzione teatrale. Altrettanta rilevanza è accordata alle problematiche legate alla traduzione poetica e alla nozione di intraducibilità, investigata a livello teorico e nella pratica traduttiva.

Nel saggio *L'esperienza di autotraduzione nell'opera letteraria di Girolamo De Rada*, **Fiorella De Rosa** indaga l'autotraduzione in lingua italiana delle opere di Girolamo De Rada, figura di primo piano della letteratura arbëreshe moderna. In particolare, mostra che tale processo si configura come un atto di riscrittura e di ricreazione. L'autotraduzione in De Rada è un luogo di passaggio a più livelli, interlinguistico innanzitutto, ma soprattutto è il luogo dell'elaborazione dell'opera stessa che, passando tra l'arbëresh e l'italiano, ha trovato la lingua della scrittura che cercava.

Il contributo di **Danilo De Salazar**, *Sulle metafore di Salvatore Quasimodo nella traduzione in lingua romena di A. E. Baconsky*, è incentrato sull'analisi di alcune metafore verbali, aggettivali e nominali adoperate nella traduzione dall'italiano al romeno della poesia di Salvatore Quasimodo, realizzata da A. E. Baconsky. Si sofferma, in particolare, sulla funzione dei principi di poeticità e di eticità nell'ambito del processo traduttivo.

Eleonora Federici, in *Translation, Contamination, Rebirth: Jhumpa Lahiri's 'other words'*, prende in considerazione le recenti opere di Jhumpa Lahiri autotradotte in italiano, frutto della passione e dell'interesse della scrittrice per una cultura straniera: attraverso tale processo creativo, la Lahiri traduce anche il suo senso di identità e appartenenza, affermandosi come scrittrice transnazionale nel panorama letterario mondiale.

Il contributo di **Alessandro Gaudio**, *La funzione dell'intraducibilità. Note sul problema della traduzione come entità terza e una proposta*, passa in rassegna alcune riflessioni sulla traduzione di grandi scrittori italiani, da Dante ai giorni nostri: lo scopo è quello di evidenziare il rapporto tra la nozione di intraducibilità e l'aspetto connotativo del discorso.

In *Decostruzione e ricostruzione di uno spazio sonoro. Giuseppe Sansone traduce Garcilaso de la Vega*, **Matteo Lefèvre** illustra alcuni criteri metodologici relativi alla traduzione di poesia, riservando speciale attenzione agli elementi ritmici e "sonori" del testo. In particolare, si occupa della versione italiana di un sonetto spagnolo di Garcilaso de la Vega realizzata da Giuseppe Sansone, il quale ha condotto una riflessione traduttologica sul proprio lavoro.

Il contributo di **Anne Marie Miraglia**, *Anglicisms*, Joual and *Italiese in Canadian Theatre*, tratta il ruolo degli anglicismi nella creazione di due "dialetti" parlati in Canada, il *joual* e l'*italiese*. Dimostra altresì che, rispettivamente nel teatro franco-canadese e in quello italo-canadese, *joual* e *italiese* trasmettono l'alienazione linguistica e socio-economica degli operai urbani di Toronto e Montreal degli anni '50 e '60 del Novecento.

Nel saggio *De la quête linguistique à la quête symbolique. Ulysse de Benjamin Fondane en italien*, **Annafrancesca Naccarato** sviluppa una riflessione sulla sua traduzione, in italiano, di una parte fra le più rappresentative della poesia di Benjamin Fondane. La pratica-teorica della traduzione si configura come un essenziale processo ermeneutico non soltanto rispetto ai meccanismi che entrano in gioco nel passaggio dalla lingua di partenza a quella d'arrivo, ma anche in relazione a una scrittura che evoca un percorso umano ed esistenziale ai limiti dell'indicibilità.

In *Per "consonanza" o "stimolante opposizione": l'approccio alla traduzione in Margherita Guidacci*, **Maria Panetta** si sofferma sulle traduzioni della poesia di Emily Dickinson e di Elisabeth Bishop da parte di Margherita Guidacci e su un'idea di traduzione intesa come riscrittura poetica del testo di partenza.

Il contributo di **Rossella Pugliese**, *Viele Tiere – eine Sprache? Mehrsprachigkeit zwischen Laut und Schrift am Beispiel von Tierlauten. Zur Funktion von Onomatopoetika bei Michael Stavarič und ihre Übersetzung ins Italienische*, analizza la funzione delle onomatopee – in particolare di quelle che riproducono i versi degli animali – nel testo letterario, adoperando come corpus di analisi il volume per bambini *Gaggalagu* di Michael Stavarič, e discute le strategie che sottendono la loro traduzione in italiano.

Il volume collettaneo presentato corrisponde, dunque, al tentativo di ricostruzione di una storia alternativa della traduzione, che trova la sua espressione evidente, la sua consistenza e la sua stessa ragione in una speciale fusione di prospettive, segni e linguaggi diversi.

*

Il presente volume è stato pubblicato grazie al sostegno del Dipartimento di Culture, Educazione e Società e del Dipartimento di Studi Umanistici dell'Università della Calabria. Un particolare ringraziamento va a Valentina Sirangelo per l'accurato e attento lavoro di redazione editoriale.

Fiorella De Rosa

Università della Calabria

L'esperienza di autotraduzione nell'opera letteraria di Girolamo De Rada

Abstract Girolamo De Rada (1814–1903) is a central figure in the Arbëreshe literature, a
promoter and a pathfinder of the Rilindja movement. He produced a large literary work. The
importance of knowing his particular and deep work refers to the need of recovering in critical
edition, with transliteration into the modern Albanian alphabet, the texts of his works. These
texts are translated by the author himself and this means to pay a particular attention to the
Italian version, for highlighting the problems of Italian translation, known as self-translation,
or as a process of recreation and rewriting.

Key-words: *Literary Work; Self-Translation; Italian Translation; Arbëresh Language; Rewriting*

1. Girolamo De Rada, figura di primo piano della letteratura arbëreshe, fu promotore e guida del movimento della *Rilindja* (1814–1903). Autore poliedrico e
complesso, con la sua opera cercò di conciliare e superare gli steccati culturali e
ideologici del suo tempo, secondo un'idea che univa la letteratura, la moralità e
lo sviluppo civile. Nato nel 1814, Girolamo De Rada partecipò con passione al
dibattito politico culturale dell'Italia risorgimentale, con le sue azioni e i suoi
scritti, subendo il carcere e l'esilio. Ma le sue opere divennero soprattutto un'importante testimonianza nell'azione politica e letteraria albanese, essendosi posto
come guida ideologica dei nuovi processi politici e civili che avrebbero portato
alla costituzione di un'Albania, intesa come nazione culturalmente distinta.

2. Nato nella comunità di Macchia Albanese[1], Girolamo De Rada si formò presso
il Collegio italo-albanese di Sant'Adriano in San Demetrio Corone. I primi anni
di studi furono per lui molto difficili, a causa della scarsa conoscenza della lingua
italiana: egli, infatti, come molti italo-albanesi, parlava solo l'arbëresh, in quanto
l'italiano veniva appreso come lingua seconda solo in ambito scolastico. L'amore

---

1 Frazione del Comune di S. Demetrio Corone, comunità italo-albanese, in provincia di
Cosenza.

per la lettura, tuttavia, lo spinse a migliorare la conoscenza dell'italiano e a esplorare territori letterari sconosciuti e affascinanti[2].

Nel 1832 compone in terza rima l'*Odisse*, un poemetto in quattro canti, scritto in lingua italiana[3], che «risulta un originale tentativo di fusione tra l'epica classica (*Odissea-Eneide*) e l'epos del popolo albanese[4], il cui eroe Odisse è l'Enea che raggiunge una nuova terra e riesce a garantire un futuro al suo popolo»[5]. L'intenzione del poeta era quella di cantare l'epos del popolo albanese che dopo aver difeso strenuamente la sua patria dall'invasione straniera è costretto a emigrare in Italia per custodire la propria fede, la propria lingua e la propria identità[6].

Terminati gli studi superiori, De Rada iniziò ad occuparsi della poesia popolare arbëreshe, il cui spirito vitale e la naturale bellezza del verso, gli consentiva in modo più naturale, di esprimere, senza remore, sentimenti e idee. «Risciacquando la sua cultura libresca, nel misterioso humus etnico della sua gente»[7], Girolamo andando di casa in casa, sedendosi dinanzi gli usci in compagnia delle vecchie che filavano, iniziò a raccogliere i loro canti, seguendo le ragazze nei lavori campestri e intrattenendosi coi pastori che meriggiavano le greggi[8]. «Egli

---

2   Scriveva Girolamo nell'*Autobiologia*: «di nuovo più che le lezioni mi distraeva letture estranee sempre più variate. M'ebbi un volume dell'Ariosto e il *Pastor Fido*, una *Storia Universale* di Echard, una *Mitologia* figurata in più volumi e poi il *Cavalier meschino*, l'*Argenide* di Barclejo etc; ma di più grave effetto libri ascetici e la *Sacra Scrittura*. Nell'anno appresso i libri ascetici vennero sostituendosi al Tasso ed alle altre letture annesse. [...] Soprammodo mi attraevano le tragedie di Sofocle e di Euripide e da esse, dopo averne bagnato di pianto i personaggi e gli affetti loro [...] leggevamo alcun classico italiano o tradotto da altre lingue. Cfr. De Rada 1898: 6–7, 12.

3   «La formazione scolastica e universitaria del De Rada, scrive La Luna, è frutto dello studio dei classici italiani, latini e greci. L'importanza che tale formazione ebbe per la composizione dei primi componimenti in italiano e il peso che questi primi lavori ebbero per la composizione delle successive opere poetiche in albanese del De Rada, fu determinante». Cfr. La Luna 2009: 9.

4   «Attraverso l'uso dei nomi greci, il giovane De Rada vuole in un certo senso essere un continuatore della poesia degli autori epici classici (in particolare Omero) in quanto cantore dell'epos del popolo albanese. [...] Tale operazione è svolta attraverso il ricorso a temi e personaggi presenti nell'*Odissea* e nell'*Eneide*. Infatti il protagonista del poema deradiano *Odisse*, il cui nome è un chiaro calco dell'omerico Odisseo, è come un nuovo Enea che è costretto a lasciare la sua Croia/Troia distrutta dagli invasori stranieri per fuggire in Italia». Cfr. La Luna 1998: 9, 18.

5   *Ibid.*: 67.

6   La Luna 2009: 18.

7   Koliqi 1964: 32.

8   Nacque così la raccolta *Collezione di poesie albanesi portate fedelmente in prosa Volgare* (1833–34), «[...] raccolta nella quale il vate albanese, grazie all'uso di un originale

decise di assumere – scrive Berisha – come modello quel mondo poetico e quello stile, ricostruendoli e arricchendoli con gli elementi che avrebbero caratterizzato il suo stile particolare e personale».[9] Adottò la lingua arbëreshe per le sue opere, diventando il cantore dell'animo della sua gente. Scrive Solano

> [...] il De Rada è il creatore della lingua letteraria arbëreshe. Non già che egli abbia creato o inventato un linguaggio, ma senza dubbio ha posto su solide basi il patrimonio linguistico del suo paese, patrimonio che è il vincolo più insigne della nazionalità di un popolo ed è il primo elemento costitutivo di una nazione[10].

Per la prima volta, la lingua albanese veniva utilizzata per dare forma all'opera di un poeta. Prosegue Solano

> [...] La composizione, la derivazione, la formazione di nuovi vocaboli, i trasferimenti di significato, con tutto lo sterminato linguaggio figurato, è opera sua, del suo paziente, duro diuturno lavoro, ma sapiente, cosciente, geniale, regolato da norme fisse, che sono poi le norme di tutte le lingue indoeuropee[11].

Tuttavia, quando De Rada «ebbe abbandonata la poesia oscillante tra il biografismo e l'idillio, per affrontare i grandi temi della sua ispirazione, si trovò a cozzare con una lingua che difficilmente si piegava alle sue interiori esigenze»[12]. L'esigenza di avere una lingua quale strumento letterario efficace che potesse esprimere «fin nelle più intime sfumature l'ispirazione del poeta»[13], si impose.

Il processo di formazione e di arricchimento del gusto, la ricerca di uno stile personale, De Rada li perseguì in diversi modi, anche imparando a memoria parti delle opere maggiori della letteratura mondiale: «Sempre io – annota nell'*Autobiologia* – andando sopra modo e senza maestro dietro la formazione

---

alfabeto composto da lettere latine e greche, aveva trasformato la materia dei canti popolari (temi epici e nuziali, topoi e simboli, formule e metrica) in composizioni tutte sue da destinare al lettore italiano». Cfr. La Luna 2009: 68.

9   Berisha 2004: 20–21. «[...] Ma non le difficoltà o il tempo hanno in me affievolito l'idea di porre i fondamenti d'una patria coltura intellettuale. [...] ed io considero omai come una missione quella che pareva a me pure una semplice ispirazione nazionale. Ed è perciò che, dopo avere nelle altre mie poesie elevato delle forme speciali in armonia col nostro canto popolare, non voglio lasciare nel nostro terreno, che sorga avanti le indigene e naturali una pianta stranea». Cfr. De Rada 1846: 3.

10 Solano 2003: 100.

11 *Ibid.*

12 Solano 2003: 98.

13 *Ibid.*

dello stile, imitando i più lodati confusamente, e domandando a retori d'ogni paese l'essenza del bello»[14].

Alcune esperienze riprese dalle altre letterature, De Rada le utilizzerà per scopi concreti, come nella *Serafina*:

> Ripresi quindi la stampa della *Serafina* in cui deponeva le diverse fasi della immagine che lustrava ai miei giorni e restavami latte delle notti. Ma allo stile nudo, attivo del *Milosao* sparso di immagini freschissime, subentrava nella *Serafina* rifatta, un'abbondanza di immagini e di pensieri che affogava azioni ed agenti. In fondo ad essa in questo immenso mondo, stava, come accennai, un desiderio languente. [...] Stavale pure a modello ed a ragione la poesia francese di quel tempo e la circostanza che accompagnavami nel comporre la eco del pianoforte, che lontano dalle interne camere costringevami alle monotone sue diversioni. [...] D'altronte pur lo stile della *Serafina*, slombato dalla sovrabbondanza degli accessori, non ispiacque al pubblico che vi si era ausato[15].

Girolamo De Rada non volle creare opere semplici, chiare e realistiche descrivendo semplicemente la vita di ogni giorno, ma opere di grande arte.

> [...] L'opera letteraria deve essere prima di tutto attestazione di grande arte, eterna; dare forma all'essenza della vita degli uomini ed educare il lettore, arricchendo il suo mondo con modelli virtuosi, sviluppando un alto senso etico[16].

L'arte vera, per essere tale, richiede una forza drammatica, il tormento interiore dell'uomo o di un popolo, i conflitti psicologici[17]. L'opera è prima di tutto storia poetica, soggettiva, storia immaginata e messaggio poetico libero. Nello *Skanderbeku* come nella *Serafina*, De Rada non descrive la storia, né si appoggia su argomenti storici del periodo trattato. Egli non capovolge ne rinnega la storia, ma ritrae il verosimile, che pur traendo spunto dal vero, per sua natura deve lasciare un certo spazio alla finzione. Scrive Bulo

> La storia nei suoi poemi è lo sfondo dove agiscono gli eroi con il loro destino, i loro drammi, con il loro mondo e le loro ricerche morali, con i loro sogni e le loro aspirazioni, che spesso si oppongono alla realtà storica[18].

---

14 De Rada 1899: 13.
15 De Rada 1899: 18–19.
16 Berisha 2007: 15, 9.
17 Bulo 2004: 340.
18 *Ibid.*: 339–340.

L'Albania del De Rada è un'Albania poetica, è la 'patria' trasfigurata e mitizzata, rappresentata dal castriotiano *Moti i Madh*, priva di ogni reale riferimento storico e geografico, ma conosciuta e non estranea ai gusti del lettore[19].

De Rada era ben consapevole che la verità storica era importante per le generazioni, ma nell'opera artistica preferì e creò la verità probabile[20].

> In quanto al contenuto, volli nella forma che diemmi la patria mia ritrarre la vita secondo che fa e vuole nelle case di essa[21].

Nelle sue opere, il racconto degli eventi passa in secondo piano e acquista precedenza il contenuto morale delle azioni degli eroi; le memori gesta dell'epos leggendario albanese.

Girolamo De Rada, creò l'illusione romantica dell'esistenza di un *epos nazionale* degli albanesi, epos che era stato frantumato durante i secoli[22]. Non creò il poema narrativo nazionale, ma il romanzo della tragicità[23] della storia albanese del Quattrocento[24].

---

19 «L'Ottocento, il secolo del risveglio nazionale degli albanesi e del romanticismo delle lettere albanesi, ha fatto rinascere il ricordo di Scanderbeg in un nuovo contesto storico e culturale. Di fronte al mondo e alla cultura arbëreshe, questa tradizione trasmessa nei secoli, offriva due grandi possibilità: la ricostruzione dell'epos nazionale e la creazione della letteratura nazionale. L'epos sarebbe stato ricostruito attraverso la letteratura orale mentre la letteratura del romanticismo nazionale attraverso l'eredità spirituale dell'epoca di Scanderbeg, fusa alla nostalgia per l'Albania. L'epos, secondo De Rada, viene testimoniato dalla tradizione storica; [...] la letteratura creerebbe il Gran Poema che recherebbe con sé "il rinnovamento della nostra cultura e della nostra fortuna". Entrambe formerebbero la Scanderbeide albanese. Questo era il grande progetto culturale degli uomini del Risorgimento albanese. Ma il secolo in cui loro vissero non era il secolo degli epos, né per l'ambiente folclorico e letterario europeo. L'epos era il prodotto dei secoli eroici dell'umanità già tramontati, lasciando dietro i poemi di Omero, la *Chanson de Roland*, il ciclo nibelungico. Eppure gli albanesi dovevano recuperare la loro memoria storica e creare ciò che mancava, l'*epos* dei loro tempi eroici: guardare indietro per affermare la loro identità etnica tramite la glorificazione delle tradizioni storiche culturali». Cfr. Bulo 2004: 337.

20 Berisha 2007: 15.

21 De Rada 1873: 6.

22 «Per il movimento letterario del Romanticismo albanese aveva poca importanza se l'esistenza di questo *epos* fosse una realtà artistica o un'illusione. Anche quando si liberarono di questa illusione, i romantici albanesi non rinunciarono all'antico sogno della creazione del poema nazionale sul secolo di Scanderbeg». Cfr. Bulo 2004: 338.

23 Il conflitto dell'individuo – che vive in una dimensione incompiuta, soggetta ai rischi e agli imprevisti –, con le norme della morale patriarcale, i dilemmi psicologici, l'esperienza individuale, la tragicità del destino dell'eroe, un plurilinguismo di fondo, danno all'intera opera deradiana un contenuto autentico romanzesco.

24 Bulo 2004: 339–340.

3. Il plurilinguismo di fondo che ritroviamo nei poemi deradiani recepisce lingue, stili e parole di varia provenienza, diversi e insoliti. Nella scelta delle parole, De Rada spazia liberamente da parole classicheggianti e colte a parole di matrice popolare: troviamo diversi arcaismi, neologismi, prestiti dall'italiano, dal greco e dal turco, forme grammaticali e stilistiche particolari. Tale libertà gli ha permesso di usare anche termini insoliti, dotti qualora il loro significato fosse più vicino ad una particolare espressione. Tra gli arcaismi, registriamo voci come *shtuara* «in piedi», *çonj* «trovare», *gjegjinj/gjegjem* «sentire», *ndëlgonj* «capire», *arësenj* «allontanare», *katërzet* «quaranta», *perëndì~perëndeshë* «regno ~ regina», *dej* «dopodomani», *delëmier* «pastore», *kangjel* «canto», *pështjer* «lavoro», mestiere, *spërvier* «tenda», *tëtimt* «il freddo». Tra i prestiti dall'italiano, *partirem* «partire», *finestër* «finestra», *kulonë* «colonna», *kambanë* «campana», spavet *«sparire»* mantel «mantello», *punet* «ponente», *sufit* «soffitto». Dall'albanese, *hjeshëm* «bello», *mixore* «crudele», *lëfar* «sterminato», *mbëret* > *mbret* «re», *bumbël* > *bumbullimë* «tuono, scoppio», *trimenì* «giovinezza». Tra i neologismi: *ajërartur* «arieggiato, ventilato» *rroni*, «esistenza» *mniz* «ricordo», *vivil* «accenno, idea, agitazione» *shelqëror* «candeliere», *ganjunì* «giovinezza», *qetmì* «tranquillità», *ambnor* «pacifico», *shtrushë-madh* «rumoroso», *gjithsë* «universo», *spavet* «sparire», *dritësore* «finestra», *ujanë* «oceano», *dejtar* «marinaio», *lutëni* «preghiera», *dëlgor*, «intelligente». Tra le parole turche, *shaban* «pastore», *shatër* «paggio, servo», *shatorre* «tenda», *hode* «camera», *pexher* «finestra», *karshì* «di fronte». Tra i prestiti dal greco moderno: *parakales* «preghiera», *dhoks* «gloria», *lip* «dolore, funerale, lutto», *lipisi* «pietà», *thimiatìs* «incenso», *metanì* «pentimento», *naforë* «sacrificio», *thavmë* «miracolo», *martiri* «martire», *stoneon* «eterno», *kologre* «monaca», *dhemat* «covone, fascio», *sirk* «baco da seta», *argali* «telaio», *sqep* «velo», *skemandil* «fazzoletto», *vore* «tramontana», *gharaksur* «alba», *serposur* «imbrunito», *losënj* «sciogliere», *ghajdhi* «gioia», *lefterì* «libertà», *noeri* «pensiero», *anangas* «costringere», *fanarosem* «sembrare». Secondo l'uso popolare, De Rada utilizza i suffissi diminuitivi (i)*th*, *z*(*ë*) *e* (i)*s*, applicati ai sostantivi o alle forme verbali con una doppia funzione, vezzeggiativa e diminutiva, che implica il coinvolgimento emotivo di chi parla nell'azione comunicativa, (*me një dor ngrëjtu*rith, ... *mbi shtrat na vemëni*th..., *të ftóghët të zbardhu*ris).

Lo studio dei classici e i primi esperimenti poetici in italiano furono fondamentali per la stesura delle sue prime opere in albanese quali i *Canti di Milosao* e la *Serafina Thopia*. In esse, infatti, la lingua italiana fu adoperata non solo per la traduzione e per la loro divulgazione, ma anche come strumento di composizione degli stessi versi albanesi[25].

Avendo composto i suoi poemi secondo particolari modalità espressive tipiche della narrazione orale degli aedi, De Rada ricorre a volte, allo stile formulaico, adattando la metrica e il ritmo dei suoi versi all'uso di frasi performate, di vere e proprie formule formate da parole composte: *sost. + agg.* quali *cilôn-shkundëm* «dalla gonna fluttuante», *xerkè-stolisurë* «dal collo ornato», *krie-kështënj* «dai capelli castani», *gji-fritur* «dal seno pieno»; a volte a metafore, a similitudini e a inversioni e interpolazioni (anacoluto, enjambement ecc.). Accade che l'ausiliare *kin* venga estratto dal predicato verbale e posto all'inizio della frase, creando un costrutto inusuale o che la *-e* venga accompagnata dalla *-j*: (*je*).

Ritroviamo l'uso del dativo etico, tratto distintivo della poesia popolare arbëresh, che viene utilizzato da De Rada sia per evitare lo iato (se *m' u resht*), sia per rafforzare, all'inizio del verso, una particella pronominale non accentata, *u* e *i*.

4. Girolamo De Rada crea e sviluppa le proprie opere in modo originale sia nella composizione sia nella forma. Nella composizione, secondo un sistema di parti non collegate tra loro in modo lineare e continuativo, ma in modi e piani diversi «in base all'analogia, all'associazione, al confronto, all'opposizione talvolta estrema del significato». De Rada compone dei 'fragmenta': i canti, si alternano e si sovrappongono[26]. È il cosiddetto *frammentarismo deradiano*[27]. La narrazione si svolge

---

25 La Luna 2009: 9.

26 «La forma de' canti io presi semplicemente dalle rapsodie che portammo con noi dalla madrepatria; e le quali sono in se parte del fondo comune popolare, da cui è surta ogni spontanea poesia eroica delle nazioni europee. [...] La nota sua più appariscente è in ciò, che la narrazione, l'azione e l'ispirazione vi si succedono e fondono insieme come vedonsi nella vita. [...] per cui l'ordine artistico e l'armonia dell'insieme è da esigere pe' singoli quadri: del modo che in essi assolutamente, sta la verosimiglianza e nobiltà della favola, la verità e idealità sanante de' caratteri e 'l simbolico senso delle cose». De Rada 1846: 5, 8–9.

27 Nella copia del *Poema albanese volto in italiano per Girolamo De Rada, Canti di Serafina Thopia*, pubblicata nel 1843 e conservata presso la Biblioteca Nazionale di Napoli, a pag. 160, De Rada rivela come il suo *frammentarismo* costituisca un'idea poetica ben precisa: «I canti, – scrive il poeta –, dovevano essere de' frammenti di poesie del secolo XV rappresentanti il vivere degli Albanesi e in parte la storia della guerra sostenuta da essi contro i Turchi di quel tempo, – composti da una donna –, Serafina, nata in Arta dal Duca Andrea Thopia, [...] i quali comincia, rimpiangendo una ventura felice del suo amore per Bosdare. Ne' canti, – prosegue De Rada –, che restano di lei, pare,

secondo «immagini» e laddove si verifica un'interruzione, – ove una lettura tradizionale si interrompe –, la stessa occorre cercarla prima «nelle azioni, nei fatti e nella trattazione del destino degli uomini e in seguito nel sotto-testo della struttura linguistica poetica, negli strati interni del sistema dell'espressione e del significato»[28]. La creazione di una lingua poetica, che avrebbe reso originale e importante la sua opera[29], divenne per lui essenziale: solo attraverso la lingua – *parola poetica* – era possibile esprimere i significati, creare il bello e il maestoso: «[…] Per scrivere una grande poesia, che rimanesse nel tempo, De Rada prestò attenzione al sublime estetico, che si sarebbe poi ritrovato in tutte le sue opere»[30].

Nella forma, affiancando alla versione albanese sempre la sua traduzione italiana. Scrive Altimari

> Col De Rada si inaugura oltre che la letteratura romantica albanese, anche una fortunata pratica letteraria bilingue o se vogliamo di bilinguismo letterario che utilizza per la prima volta in ambito arbëresh contestualmente due codici letterari: l'albanese e l'italiano[31].

La pratica dell'autotraduzione delle opere letterarie in albanese si è protratta per tutto l'Ottocento fino alle prime decadi del Novecento e ha visto coinvolti oltre al De Rada altri poeti e scrittori suoi contemporanei.

Ma l'autotraduzione è da intendersi come «the translation of an original work into another language by the author himself»[32] ove l'autore e il traduttore svolgono lo stesso ruolo (autore-traduttore)[33] o piuttosto pensare all'autotraduzione[34] come

---

non avesse ella pensato a formare un quadro sapiente e seguito d'un fatto unico, come avea fatto Omero, ma elevando il canto popolare, in cui la narrazione, l'ispirazione e la rappresentazione si trovano congiunte, lo avesse dispiegato ad affigurare le fattezze proprie e distinte de' precipui eventi d'una vasta azione compiuta a sé d'intorno».

28 Berisha 2007: 14.

29 Attraverso la lingua, De Rada dava voce alla memoria culturale del popolo albanese. I suoi canti veicolavano – attraverso la parola – il sapere fondamentale, che gli permetteva di accedere all'interno delle diverse culture a oralità primaria in cui l'unica o la prevalente forma di trasmissione dei testi era quella orale.

30 Berisha 2007: 13.

31 Altimari 2009: 73.

32 Popovic 1976: 19.

33 «Chi scrive compie dunque egli stesso quell'attività interpretatoria che è presupposto di ogni traduzione, ed è sempre la stessa persona a negoziare tra i due mondi linguistici e culturali che nella traduzione si incontrano». Cfr. Ivančić 2013: 100.

34 «A rigor di termini, la parola "autotraduzione" si riferisce sia all'atto di tradurre i propri testi in un'altra lingua, sia al risultato di tale operazione, vale a dire i testi tradotti dall'autore stesso. Prima che i *Postcolonial Studies* la scoprissero (all'incirca nell'ultimo decennio), l'autotraduzione era stata così poco studiata che non sembra esagerato

un processo di ricreazione e riscrittura, «una reinvenzione in lingue diverse»[35] ove l'autore – che si autotraduce – produce contemporaneamente un testo e una traduzione. Ovvero ciò che Jean-Charles Vegliante definisce 'traduction créatrice'.[36] Le autotraduzioni, secondo questo approccio, rispondono alla stessa logica delle opere per le quali un autore produce, a distanza di tempo, diverse versioni[37].

De Rada nella traduzione italiana delle sue opere, piuttosto che lavorare da un testo-sorgente, riscriveva *attraverso* e *tra* l'albanese e l'italiano, considerando il concetto di «originale» in modo più fluido[38] anziché statico, in un rapporto dialogico[39]. Secondo Lefevere, ogni traduzione comporta una riscrittura in modo più o meno palese, pur esistendo tra i due testi, un rapporto di rielaborazione creativa, secondo un modello modificato per il desiderio di parlare ad un pubblico di lettori più vasto[40].

Nella composizione delle due versioni – 'originale' e traduzione –, De Rada concepiva il testo, come unità di senso, al pari di Marco Micone che nel suo saggio *Traduire-tradire* scriveva sull'atto dell'autotraduzione: «j'ai traduit le sens plutôt que les mots»[41]. Nella traversata interlinguistica ciò che si salva del testo originale è il senso[42]. Inoltre, le due versioni, l'arbëresh e l'italiano, caratterizzandosi come un *corpus tout entier*, un 'corpo' ricostruito, una totalità, dove l'arbëresh riemerge nella versione italiana e viceversa[43]:

---

parlare di una *terra incognita*, alla maniera dei cartografi del Cinquecento». Cfr. Grutman 2013: 45.

35 Eco 2013: 27.

36 Cfr. Vegliante 1991.

37 Puccini 2011: 41.

38 «La figura dell'autotraduzione assume qui l'aspetto di una spirale il cui movimento disegna un ritorno verso l'originale, ma nello stesso tempo, attraverso un movimento di decentramento, un prolungamento dello stesso in una versione successiva». *Ibid.*

39 Bassnett 2013: 37.

40 *Ibid.*: 41.

41 Micone 2004: 28.

42 Puccini 2011: 41. In aggiunta, Bassnett sostiene: «Quando confrontiamo gli 'originali' con le 'traduzioni' troppo spesso ci focalizziamo sulle singole unità di significato. [...] ma se pensiamo al testo come unità di senso, siamo in una posizione migliore per accettare l'idea di traduzione come riscrittura, sia pur riconoscibile come tale a causa del passaggio attraverso le lingue». Cfr. Bassnett 2013: 41.

43 «La traduzione poetica poi, non tenace che dello spirito, non curante di seguire passo passo l'autore in ciascuno de' vocaboli, sia non quasi smorta effigie, ma viva e agilissima: avveri insomma l'immagine della pitagorica trasmigrazione d'uno spirito in altre membra». Cfr. Tommaseo 1858: 243.

la scrittura nell'altra lingua non rappresenterebbe un processo di autotraduzione dalla prima lingua madre, ma sarebbe piuttosto la dimostrazione che possa esistere quella che Marica Bodrožić, scrittrice tedesca di origini croate, definisce una «zweite Muttersprache», una «seconda lingua madre», cosicché la prima lingua, continua a scorrere come una corrente sotterranea sotto la seconda[44].

E nell'incontro dei due linguaggi, – nella traduzione –, l'italiano e l'arbëresh diventano 'lingue di traduzione', sviluppando una lingua nuova, che si pone fra l'una e l'altra[45], un'altra lingua come (unico) mezzo di espressione artistica: «[...] Der Plural als notwendiger Begleiter der Existenz»[46].

[...] Non potei vincere la ragione dell'animo mio – scrive De Rada – che volle pur presentare per quel mezzo l'ordine e l'energia, onde il mondo in lui s'impresse. Ma la lingua nostra di stampo antico può facilmente pe' suoi casi, per le sue contrazioni, età, riverberare qualsiasi ordine inverso di idee, e rendere il ritmo de' vari stati dell'animo; nel che la italiana non le si concorda agevolmente[47].

5. De Rada adottando la lingua arbëreshe per le sue opere, ha posto su solide basi il patrimonio linguistico del suo paese. L'esigenza di avere una lingua quale strumento letterario efficace che potesse esprimere «fin nelle più intime sfumature l'ispirazione del poeta» si impose e tralasciando la poesia idilliaca, si dedicò alla composizione di poemi epico-lirici, più vicini al romanzo che all'epopea storica[48]. La formazione scolastica e universitaria, basata sullo studio dei classici

---

44 Ivančić 2013: 102. De Rada, nell'Introduzione allo *Skanderbeku i pafan* spiega: «Anche a' difetti della traduzione io chieggio e spero venia. Ebbi innanzitutto bisogno di farla da me; ne mi era altro mezzo che la lingua italiana per farmi intendere all'universale. [...] Questa medesima non era a me nativa ed ove non seppi tutta la sua potenza mi sia escusazione l'averla dovuta apprendere sui libri, al modo che la latina al modo che la greca». Cfr. De Rada 1873: 9–10.

45 Come scrive Micone a proposito del suo romanzo *Silences* «une retraduction qui n'existerait pas sans la version italienne, où pour une rare fois il y a adéquation entre mes personnages et leur langue». Cfr. Micone 2004: 28.

46 «Il plurale come componente imprescindibile dell'esistenza». Cfr. Ivančić 2013: 102, nota 9.

47 De Rada 1873: 9–10.

48 «L'epopea, come determinato genere letterario a noi noto, è stata fin dal principio poema sul passato, e l'atteggiamento dell'autore (cioè di chi pronuncia la parola epica), immanente all'epopea e costitutivo per essa, è quello di un uomo che parla di un passato per lui inaccessibile, l'atteggiamento pieno di venerazione di un postero. La parola epica per il suo stile, per il tono e il carattere del suo sistema d'immagini è infinitamente lontana dalla parola di un contemporaneo che parli a un contemporaneo, rivolgendosi a contemporanei». Cfr. Bachtin 2001: 455.

italiani, latini e greci, fu determinante per la composizione dei suoi primi componimenti in italiano e per la composizione delle successive opere poetiche in albanese. Così come fu determinante la lingua italiana che De Rada utilizzò, non solo per la traduzione e la divulgazione dei poemi lirici albanesi, ma anche come strumento di composizione degli stessi versi albanesi. L'autotraduzione in De Rada è un luogo di passaggio a più livelli, interlinguistico innanzitutto, ma soprattutto è il luogo dell'elaborazione dell'opera stessa che, passando tra l'arbëresh e l'italiano, ha trovato la lingua della scrittura che cercava. L'arbëresh e l'italiano sono, dunque, un *corpus tout entier*, un 'corpo' ricostruito, dove l'arbëresh riemerge nella versione italiana e viceversa. Attraverso l'autotraduzione, De Rada può rappresentare "la memoria, simularla, immaginarla, reinventarla, in una parola autotradurla"[49.]

Bibliografia

Altimari, F. (2009), L'autotraduzione nelle opere letterarie italo-albanesi: il caso di Girolamo De Rada. In: A. Brettoni (a cura di). *Albanie. Traduzione, tradizione. La traduzione dalle varianti linguistiche alle varianti culturali.* Roma: Bulzoni Editore, 71–85.

Bachtin, M. (2001), *Estetica e romanzo*, Torino: Einaudi.

Bassnett, S. (2013), L'autotraduzione come riscrittura. In: A. Ceccherelli, G. E. Imposti, M. Perotto (a cura di). *Autotraduzione e riscrittura.* Bologna: Bononia University Press, 31–43.

Berisha, A. N. (2007), I principi dell'arte poetica del De Rada. In: G. De Rada, *Opere filosofiche e politiche*, Opera Omnia IX. Soveria Mannelli: Rubbettino, 9–24.

Berisha, A. N. (2004), *Su due opere di Girolamo De Rada*, Palermo.

Bulo, J. (2004), La Scanderbeide degli arbëreshë tra l'epos e il romanzo. In: F. Altimari, F. De Rosa (a cura di). *Atti del 3° seminario internazionale di studi albanesi*, Studi e testi di Albanistica 13. Rende: Centro Editoriale librario, università della calabria, 337–341.

De Rada, G. (1839), *Canti storici albanesi di Serafina Thopia, moglie del principe Nicola Ducagino*, Napoli: Tipografia Boeziana.

De Rada, G. (1846), *I Numidi*, Napoli: Tipografia dell'Urania.

De Rada, G. (1873), *Poesie albanesi. Skanderbeccu i pafaan. Storie del secolo XV*, Corigliano Calabro: Tipografia Albanese.

---

49 Puccini 2011: 41.

De Rada, G. (1898), *Autobiologia. Primo periodo*, Cosenza: Tipografia Municipale di F. Principe.

De Rada, G. (1899), *Autobiologia. Secondo periodo*, Napoli: Tipografia F. Di Gennaro & A. Morano.

Eco, U. (2013), Come se si scrivessero due libri diversi. In: A. Ceccherelli, G. E. Imposti, M. Perotto (a cura di). *Autotraduzione e riscrittura*. Bologna: Bononia University Press, 25–29.

Grutman, R. (2013), Beckett e oltre: autotraduzioni orizzontali e verticali. In: A. Ceccherelli, G. E. Imposti, M. Perotto (a cura di). *Autotraduzione e riscrittura*. Bologna: Bononia University Press, 45–61.

Ivančić, B. (2013), Autotraduzione: riflessioni sull'uso del termine. In: A. Ceccherelli, G. E. Imposti, M. Perotto (a cura di). *Autotraduzione e riscrittura*. Bologna: Bononia University Press, 99–104.

Koliqi, E. (1964), Girolamo De Rada, *Shêjzat* 8/1–2, 28–40.

La Luna, M. (1998), Il vate albanese, *Zjarri (Il fuoco)* 38, 63–87.

La Luna, M. (a cura di) (2009), *Girolamo De Rada. Opere letterarie in italiano*, Opera Omnia VII, Soveria Mannelli: Rubbettino.

Micone, M. (2004), Traduire-tradire, *Spirale* 197 (juillet-août), 28.

Popovic, A. (1976), *Dictionary for the Analysis of Literary Translation*, Edmonton: Edmonton Department of Comparative Literature, the University of Alberta.

Puccini, P. (2011), Origine e originale. Esperienza di migrazione e di autotraduzione a confronto nell'opera di Marco Micone. In: A. Ferraro (a cura di), *L'autotraduzione nelle letterature migranti*, Oltreoceano 5, 41–54.

Solano, F. (2003), I motivi principali della poetica del De Rada, *Microprovincia*, rivista di cultura diretta da Franco Esposito, 41 (gennaio-dicembre), 88–102.

Tommaseo, N. (1858), *Ispirazione e arte o lo scrittore educato dalla società e educatore*, Studi di Niccolò Tommaseo, Firenze: Felice Le Monnier.

Vegliante, J.-Ch. (1996), *D'Écrire la traduction*, Paris: Presses de la Sorbonne Nouvelle.

Danilo De Salazar

Università della Calabria

Sulle metafore di Salvatore Quasimodo nella traduzione in lingua romena di A. E. Baconsky

Abstract The present essay provides an analysis of the Romanian translation – made by A. E. Baconsky in 1961 – of some metaphors that one finds in Salvatore Quasimodo's poetical works. Such a study is indeed part of a broader framework and issue concerning the concepts of poeticity and ethicality in translation as described by Antoine Berman. The essay opens with the thoughts on the personal, social, and universal value of poetry drawn from *Discorsi sulla poesia* by the Italian Nobel Prize winner Quasimodo and with the reflections presented by the Romanian author Baconsky in *Schiţă de fenomenologie poetică*. In the light of these theories, metaphor is furthermore meant as a typical aspect of poetic creation as such, as a tool to redefine reality, and as a fundamental dynamics to establish "new" relationships between elements that interact in verse. Finally, in order to define metaphor in the terms that Michele Prandi suggested in his *Grammaire philosophique des tropes*, the translation analysis takes into consideration the kind of conceptual interaction that diverse configurational structures – through which the figure manifests within the text – trigger.

Keywords: *Metaphor; Translation; Poetry; A. E. Baconsky; Salvatore Quasimodo*

Nel suo *Traduire l'image. L'œuvre de Gaston Bachelard en italien*, Annafrancesca Naccarato dichiara: «L'étude critique d'une traduction est envisagée comme la continuation et l'achèvement d'un travail, celui du traducteur qui, lui-même, résulte d'une démarche d'ordre critique»[1]. L'affermazione si pone a sostegno della riflessione sulla traduzione proposta in *Pour une critique des traductions: John Donne* da Antoine Berman, il quale supera la dicotomia "forma-senso" assumendo l'inevitabile compromesso che caratterizza l'atto traduttivo quale esigenza per la realizzazione di quella che egli chiama «l'équivalence dans la différence»

---

1   «Lo studio critico di una traduzione è considerato come la continuazione e la realizzazione di un lavoro, quello del traduttore, che è esso stesso il risultato di un percorso critico», Naccarato 2012: 110. Laddove non diversamente segnalato, le traduzioni in lingua italiana sono da considerarsi nostre.

(l'equivalenza nella differenza), sulla base di una considerazione critica che risponde a criteri di poeticità ed eticità:

> La *poéticité* d'une traduction réside en ce que le traducteur a réalisé un véritable travail textuel, *a fait texte*, en correspondance plus ou moins étroite avec la textualité de l'original. [...] L'*éthicité*, elle, réside dans le respect, ou plutôt, dans *un certain respect de l'original*[2].

Affinché si possa affrontare la questione nei termini posti da Berman, sarà preliminarmente necessario cogliere ciò che l'atto poetico in sé rappresenta, ovvero una rideterminazione più o meno incisiva della realtà che avviene nel passaggio dall'esperienza alla parola. A fronte di ciò, l'operazione traduttiva si configura come ulteriore e ineludibile presa di coscienza del nuovo tipo di rapporto che si instaura tra le parole proprio nel momento in cui esse assumono valenza poetica, laddove la coerenza testuale complessiva sarà ricostruibile soltanto attraverso il ricorso a una logica di tipo metaforico.

Nelle pagine che seguono avremo modo di cogliere l'importanza che riveste la corretta interpretazione di una metafora nella scelta da operare durante il passaggio traduttivo, soffermandoci specificamente sulla resa in lingua romena di alcune configurazioni metaforiche presenti nei versi di Salvatore Quasimodo. La traduzione su cui focalizzeremo la nostra attenzione è quella proposta da A. E. Baconsky, celebre scrittore romeno della seconda metà del Novecento, autore di una suggestiva riflessione sulla creazione poetica, «Schiţă de fenomenologie poetică»[3], saggio nel quale si stabilirà una sorta di confronto a distanza con il premio Nobel italiano riguardo alla funzione personale e sociale della poesia, nonché circa il suo valore universale. Prima di passare all'analisi della traduzione di alcune occorrenze metaforiche presenti nei testi – che condurremo all'interno del terzo paragrafo – si renderà necessario descrivere a grandi linee quelli che sono stati gli sviluppi teorici che hanno interessato lo studio della metafora nell'ultimo secolo, con il passaggio da una considerazione prevalentemente sostitutiva del processo a quello che viene generalmente riconosciuto

---

2   «La *poeticità* di una traduzione risiede nel fatto che il traduttore ha realizzato un vero lavoro testuale, che *ha fatto testo*, mantenendo una corrispondenza più o meno stretta con la testualità dell'originale [...]. L'*eticità*, invece, risiede nel rispetto o, meglio, in *un certo rispetto dell'originale*», Berman 1995: 92.

3   Il saggio (6–51) apre il volume di critica *Meridiane* (Baconsky 1969), pubblicato nel 1969 in un'edizione arricchita rispetto alla prima versione del 1965, *Meridiane – pagini despre literatura universală contemporană* (*Meridiani, pagine sulla letteratura universale contemporanea*, Baconsky 1965), all'interno della quale mancava anche il suddetto testo introduttivo.

come l'approccio di tipo interazionista, focalizzato non più sulla singola parola, ma sulla dimensione testuale nel suo complesso. Infine, per comodità di consultazione, riporteremo in appendice i testi integrali delle tre poesie sottoposte ad analisi, con relativa traduzione in lingua romena.

1. La "realtà" della poesia

Nel 1961 A. E. Baconsky pubblica, presso Editura Tineretului di Bucarest, la traduzione di alcune poesie di Salvatore Quasimodo[4], segno di attenzione e di sensibilità critica per le istanze compositive di cui il poeta italiano si fa promotore, non solo attraverso i propri versi, ma anche con i suoi «Discorsi sulla poesia»[5], testi il cui scopo è quello di stimolare una partecipazione meno distaccata dell'artista e dell'intellettuale alla vita collettiva, riconoscendo al proprio gesto un valore in un certo senso politico: «Un poeta è tale quando non rinuncia alla sua presenza in una data terra; in un tempo esatto, definito politicamente. E poesia è libertà e verità di quel tempo e non modulazioni astratte del sentimento»[6]. Il passaggio appena citato è tratto da un saggio del 1953, «Discorso sulla poesia», che risente inevitabilmente di quel sentimento di messa in discussione e di urgente ricerca di senso dell'arte a fronte dei recenti eventi storici che avevano segnato, con le atrocità della Seconda Guerra Mondiale, un tracollo sociale talmente incisivo per cui l'assunzione di responsabilità sorgeva per il poeta, così come per l'intellettuale, anche quale esigenza spontanea e non rinviabile di contribuire a sanare le lacerazioni nella sensibilità umana collettiva: «La guerra ha interrotto una cultura e proposto nuovi valori dell'uomo; e se le armi sono ancora nascoste, il dialogo dei poeti con gli uomini è necessario, più delle scienze e degli accordi tra le nazioni, che possono essere traditi»[7]. Quasimodo non indugia nel riconoscere l'importanza etica della poesia come veicolo di bellezza capace di «modificare» il mondo:

> La posizione del poeta non può essere passiva nella società: egli «modifica» il mondo, abbiamo detto. Le sue immagini forti, quelle create, battono sul cuore dell'uomo più della filosofia e della storia. La poesia si trasforma in etica, proprio per la sua resa di bellezza: la sua responsabilità è in diretto rapporto con la sua perfezione. Scrivere versi significa subire un giudizio: quello estetico comprende implicitamente le reazioni sociali che suscita una poesia[8].

---

4 Quasimodo 1961.
5 Quasimodo 2012: 265–305.
6 *Ibid.*: 293.
7 *Ibid.*
8 *Ibid.*

Sebbene il poeta venga da lui considerato come una «individualità necessaria»[9] per la formazione della società, Quasimodo è ben consapevole del fatto che non potrà essere la poesia a «consolare nessuno», tanto meno ad «"abituare" l'uomo all'idea della morte»[10]: «Io non credo alla poesia come "consolazione" ma come moto a operare in una certa direzione in seno alla vita, cioè "dentro" l'uomo»[11]. In un altro scritto, «Poesia del dopoguerra» (1957), Quasimodo dichiara, non senza una certa veemenza, che «La poesia ha una forza che vince le astrazioni, ha un suo tempo storico che non si può deludere: per suo mezzo una nazione entra in un'altra nazione col peso della propria civiltà»[12].

Nella storicizzazione dell'atto poetico, nell'idea della rinuncia da parte del poeta a porsi in una dimensione ideale per "trasferirsi" nel mondo reale, si intravede la differenza con la concezione di A. E. Baconsky, il quale sostiene che:

> N-are rost să operăm disocieri simpliste, afirmînd, aşa cum face Quasimodo, că poetul se situează astăzi *în spaţiul său real, nu în acela ideal.* Opoziţia e falsă. Mai curînd aş spune că poetul caută să-şi întemeieze simultan prezenţa în această dublă circumferinţă, să găsească acordul acestor două categorii[13].

---

9   «Se il poeta è l'espressione della vita, della morale d'una società, ahimè, egli è oggi un esiliato, un confinato, una "astrazione", in quanto questa società che lo dovrebbe esprimere è inesistente. Ma se è vero, come è vero, il contrario, cioè che il poeta, in quanto uomo partecipa alla formazione di una società, anzi è una "individualità necessaria" in questa formazione, lasciatemi dire allora che la sua forza non ha bisogno di sollecitazioni. Se poi questa forza costituisce un pericolo, la si sopprima. Cara e potente ombra di Platone». Il passaggio è tratto da «Poesia contemporanea» (1946), in Quasimodo 2012: 268.

10 «Il poeta non può consolare nessuno, non può "abituare" l'uomo all'idea della morte, non può far diminuire la sua sofferenza fisica, non può promettere un eden, né un inferno più mite. Il poeta esprime se stesso, un uomo, l'"uomo" (se volete) parla della società in cui vive, grida se deve gridare, anche: e se uno canta il dolore e l'altro la colata di ghisa che precipita dall'altoforno o la passeggiata d'un operaio con la ragazza, chi dei due è nella verità? Parliamo di poeti, quindi tutti e due», *Ibid.*: 269.

11 *Ibid.*: 268–269.

12 *Ibid.*: 302.

13 «Non ha senso operare distinzioni semplicistiche, affermando, così come fa Quasimodo, che il poeta si situa oggi nel *proprio spazio reale, non in quello ideale.* Questa opposizione è falsa. Direi piuttosto che il poeta cerca di istituire simultaneamente la propria presenza all'interno di questa doppia circonferenza, di trovare l'accordo tra queste due categorie» La presente citazione è tratta da «Quasimodo, eseistul» («Quasimodo saggista»), in Baconsky 1965: 395. All'interno del nostro saggio le citazioni in lingua romena sono riportate rispettando la norma ortografica adottata nel testo da cui esse sono estratte.

Tali riflessioni sono legate anche alla considerazione baconskyana del particolare rapporto tra realtà poetica e realtà oggettiva, che trova esemplificativa espressione nella contraddizione tra il *bello naturale* e il *bello aritstico*, quest'ultimo spesso chiamato a riprodurre il "brutto" naturale. Il riferimento scelto a supporto di tale teoria è la poesia *Munca* (*Il lavoro*), di Tudor Arghezi, in cui l'autore riesce a ricreare stupefacenti effetti di bellezza artistica anche descrivendo «realitatea scabroasă a sordidului ţigănesc» («la scabrosa realtà della sordidezza zingara»)[14]:

> Cititorul se află aici într-o situaţie dilematică: recunoscînd realitatea, e înclinat să creadă că actul poetic echivalează cu oglindirea ei, dar nerecunoscînd-o pe planul subiectiv al reacţiei ce i-o suscită, simte că a intervenit o modificare structurală, care exclude practic ideea oglindirii. Această situaţie dilematică se reeditează pe multe alte planuri, prin dialectica foarte obscură a celor două categorii numite de Gaston Bachelard *cauzalitatea materială şi cauzalitatea formală*[15].

Si evince dunque che la poesia non nasce come semplice rispecchiamento del dato oggettivo, ciò che essa crea è una sorta di realtà sovrapposta, una ri-strutturazione del reale sulla base di nuove determinanti logiche:

> Poezia nu oglindeşte realităţi, ci se constituie în altă *realitate suprapusă*, devine o replică a realului, ale cărui date le restructurează anulîndu-le coerenţa şi situîndu-le în raporturi noi şi nebănuite: actul de revelaţie al acestor raporturi este ceea ce numim *creaţie poetică*[16].

---

14 Baconsky 1969: 7–8.
15 «Il lettore si trova qui in una situazione dilemmatica: riconoscendo la realtà, è portato a credere che l'atto poetico equivalga al suo rispecchiamento, ma non riuscendo a riconoscerla in termini di soggettività della reazione che essa suscita in lui, sente che è intervenuta una modifica strutturale, la quale praticamente esclude l'idea del rispecchiamento. Questa situazione dilemmatica si ripropone su molti altri piani, nell'oscura dialettica tra quelle due categorie che Gaston Bachelard chiama *causalità materiale e causalità formale*», *ibid.*: 8.
16 «La poesia non rispecchia realtà, bensì si costituisce in un'altra *realtà sovrapposta*, diventa una replica del reale, ne ristruttura i dati abolendone la coerenza e collocandoli in rapporti nuovi e imprevedibili: l'atto di rivelazione di questi rapporti è ciò che chiamiamo *creazione poetica*», *ibid.* Baconsky offre una descrizione ancora più dettagliata di tali rapporti: «Care e situaţia acestei *realităţi suprapuse* faţă de lumea realului pe care îl exprimă? Răspunsul îl aflăm îndată ce alăturăm cele două planuri şi observăm că între ele se stabilesc relaţii pe care le-am putea defini, sistematizîndu-le, ca fiind: 1. *Corespundenţă fenomenală*; 2. *Incompatibilitate structurală*; 3. *Reductabilitate specifică*» («Qual è la situazione di questa *realtà sovrapposta* rispetto al mondo reale che essa esprime? La risposta la troviamo nel momento in cui accostiamo i due piani e osserviamo che tra essi si stabiliscono relazioni che potremmo definire, sistematizzandole, nel modo

Secondo A. E. Baconsky, la legge fondamentale che regola i rapporti tra poesia e realtà presuppone che i dati dell'esperienza che riusciamo a comprendere attraverso l'impiego di strutture logiche razionali, una volta assunta sostanza poetica, ritrovino la propria esistenza in altre strutture, la cui coerenza è adesso «străină şi incompatibilă cu cea anterioară» («estranea e incompatibile con quella precedente»)[17]. Tale mutazione della struttura logica è segno del carattere inevitabilmente metaforico della creazione poetica:

> Realitatea suprapusă a poeziei se creează întotdeauna printr-o mutaţie metaforică, în sensul că, situate în raporturi poetice, elementele realului îşi pierd coerenţa lor logică şi între ele se stabileşte o nouă coerenţă care este de tip metaforic. În mod firesc deci orice poezie are un *ton metaforic* independent de prezenţa metaforelor în versurile ei, sau adesea în ciuda absenţei lor aproape totale[18].

La metafora è qui intesa come matrice poetica e non come pura strategia di ordine stilistico. Baconsky non sbaglia quando afferma che la dominante compositiva dell'epoca moderna è a tutti gli effetti la metafora e che il suo carattere puramente "decorativo" è destinato ad attenuarsi fino a scomparire[19]: «Raporturile poetice nu sunt în esenţă simple acte arbitrare de juxtapunere a unor elemente a căror asociere poate da efecte de insolit, ci ele există pe baza acelei coerenţe metaforice, factor preexistent pe care poetul îl descoperă şi ni-l transmite» («I rapporti poetici, essenzialmente, non sono semplici atti di giustapposizione arbitraria di elementi la cui associazione può creare effetti insoliti, bensì essi esistono sulla

---

seguente: 1. *Corrispondenza fenomenica*; 2. *Incompatibilità strutturale*; 3. *Riducibilità specifica*»), *ibid.*: 9.

17 *Ibid.*: 10.

18 «La realtà sovrapposta della poesia si crea sempre attraverso una mutazione metaforica, nel senso che, posti in rapporti poetici, gli elementi del reale perdono la propria coerenza logica e tra essi si stabilisce una nuova coerenza che è di tipo metaforico. Ogni poesia possiede dunque un *tono metaforico* a prescindere dalla presenza di metafore all'interno dei suoi versi, o spesso proprio nonostante la loro assenza quasi totale», *ibid.*: 39.

19 «Cred că, în structura versurilor, metafora îşi va rezerva o altă funcţie, disimulîndu-şi fizionomia specifică în fluxul limbajului pe un temei contrapunctic şi devenind un element al ritmului interior, în sensul de organizare al mutaţiilor în lanţ, pe care le presupune creaţia. Caracterul ei decorativ e menit să se estompeze pînă la dispariţie» («Credo che, nella struttura dei versi, la metafora assolva un'altra funzione, dissimulando la propria fisionomia specifica nel flusso del linguaggio su una base contrappuntistica e diventando un elemento di ritmo interno, nel senso di un'organizzazione a catena delle mutazioni che la creazione presuppone. Il suo carattere decorativo è destinato ad attenuarsi fino a scomparire»), *ibid.*: 46.

base di una coerenza metaforica, quel fattore preesistente che il poeta scopre e ci trasmette»)[20]. Spesso – sentiamo di poter aggiungere – ricorrendo a quella che lo stesso Baconsky definisce *memoria abissale*[21]. La distinzione tra i rapporti poetici e quelli apparentemente tali risulta estremamente complessa: «A delimita raporturile poetice de cele aparente e de bună seamă extrem de dificil, cum se întîmplă adesea în cazul actelor de mimetism epigonic» («Distinguere i rapporti poetici da quelli apparenti è certamente molto difficile, come spesso capita nel caso dei gesti di mimetismo epigonico»)[22]. L'autenticità di tali strutture profonde può essere rintracciata attraverso l'analisi della metafora intesa come fenomeno che non insiste sulla singola parola, poiché quest'ultima acquisisce valore soltanto nella dimensione testuale in cui si situa, sulla base di una nuova coerenza logica generale:

> Odată ce poetul anulează coerența logică a datelor realului, operația se traduce în limbaj printr-o anulare a semnificațiilor derivate din această coerență, iar instituirea noilor elemente, care sunt raporturile poetice bazate pe o coerență metaforică, presupune apariția *raporturilor de cuvinte* ce constituie *celula poetică* în sensul limbajului. Cuvîntul în sine e anonim ca și nota muzicală, și existența lui în poezie nu depășește anonimatul fiecărei note pe portativ; numai în măsura situării lor în raporturi, cuvintele se colorează în contextul poetic și căpată un sens de valori ale limbajului[23].

2. La metafora

Lo "svelamento" di questi nuovi «rapporti tra le parole» di cui parla Baconsky è una prerogativa del soggetto interpretante, il quale è chiamato a operare sul

---

20 *Ibid.*: 22.
21 Cfr. *ibid.*: 21.
22 *Ibid.*: 22.
23 «Una volta che il poeta annulla la coerenza logica tra i dati del reale, l'operazione si traduce in linguaggio attraverso un annullamento dei significati scaturiti da questa coerenza, mentre l'istituzione di nuovi elementi, che sono i rapporti poetici fondati su una coerenza metaforica, presuppone la comparsa di *rapporti di parole* che costituiscono *la cellula poetica* nel senso del linguaggio. La parola in sé è anonima come una nota musicale, la sua esistenza in poesia non è diversa dall'anonimato di ogni nota sullo spartito; solo nella misura in cui tra esse si instaurano dei rapporti, le parole si colorano nel contesto poetico e acquisiscono il senso di valori del linguaggio», *ibid.*: 30. All'interno di un altro passaggio, l'autore sintetizza il concetto in maniera suggestiva: «Ceea ce definește poemul sunt raporturile poetice și coerența metaforică, devenite limbaj, comunicare, expresie existențială» («Ciò che definisce la poesia sono i rapporti poetici e la coerenza metaforica, divenuti linguaggio, comunicazione, espressione esistenziale»), *ibid.*: 29.

piano contestuale, il solo spazio in cui può trovare espressione il senso metaforico della parola. Questo carattere rivelatore si perderebbe irrimediabilmente se si accettasse un'interpretazione univoca e definitiva della metafora, riducendo la figura al solo piano della necessità espressiva, equivalente, di fatto, alla morte della figura stessa. Scorgiamo così il carattere simbolico della "metafora viva", che determina la sua stessa esistenza e implica uno specifico tipo di approccio analitico. In questo senso, ci sembra suggestiva l'immagine proposta da Carl Gustav Jung:

> Un symbole n'est vivant que tant qu'il est gros de signification. Que cette signification se fasse jour, autrement dit: que l'on découvre l'expression qui formulera le mieux la chose cherchée, inattendue ou pressentie, alors le symbole est mort: il n'a plus qu'une valeur historique[24].

La metafora subordinata al meccanismo di sostituzione non possiede più la forza di evocare e di suggerire, ma viene ridotta a un semplice atto di denominazione che non aggiunge nulla di nuovo, connotandosi come un procedimento statico e meccanico, il cui risultato è, in fondo, predeterminato:

> Si la métaphore est une expression substituée à une expression littérale absente, ces deux expressions sont équivalentes; on peut donc traduire la métaphore par le moyen d'une paraphrase exhaustive; dès lors, la métaphore ne comporte aucune information. Et si la métaphore n'enseigne rien, sa justification doit être cherchée ailleurs que dans sa fonction de connaissance; ou bien, comme la catachrèse, dont elle n'est alors qu'une espèce, elle comble un vide de vocabulaire: mais, alors, elle fonctionne comme une expression littérale et disparaît en tant que métaphore[25].

---

24 «Un simbolo è vivo solo finché è gravido si significato. Quando il significato viene alla luce, in altre parole: quando si scopre l'espressione che meglio formula la cosa cercata, inattesa o presagita, allora il simbolo è morto: conserva solamente un valore storico», Jung 1950: 492. Riprendendo la teoria di Richards, Ricœur sottolinea un aspetto simile riguardo alla metafora: «Le sens des mots doit être chaque fois «deviné» sans que jamais on puisse faire fond sur une stabilité acquise» («Il senso delle parole deve essere ogni volta "indovinato", senza mai potersi basare su una stabilità acquisita»). Ricœur 1975: 127.

25 «Se la metafora è una espressione sostituita a un'espressione letterale mancante, queste due espressioni sono equivalenti; è quindi possibile tradurre la metafora mediante una parafrasi esaustiva; allora la metafora non apporta alcuna informazione. E se la metafora non insegna nulla, la sua giustificazione deve essere ricercata al di fuori della funzione conoscitiva; o, come nel caso della catacresi, della quale non è che una specie, la metafora serve a colmare un vuoto del vocabolario: ma allora funziona come un'espressione letterale e scompare come metafora», *ibid.*: 111.

L'idea di scarto rispetto al senso proprio della parola presupporrebbe un grado di neutralità del linguaggio che Ricœur rigetta in modo categorico: «Le langage neutre n'existe pas»[26]. Paul Ricœur riprende il contributo di Ivor Armstrong Richards, colui il quale, in *The Philosophy of Rhetoric* (1936), propone un mutamento di prospettiva analitica, ovvero il passaggio dalla singola parola al contesto, respingendo la dicotomia *senso proprio/senso figurato*, prodotto – secondo il suo parere – di una vera e propria "superstizione teorica"[27]. Questa concezione si pone alla base del fondamentale «Teorema contestuale del significato»[28], secondo il quale il senso della frase non deriva da quello delle parole che la compongono, ma è piuttosto il senso di ogni singola parola che si ottiene attraverso la scomposizione della frase. Nel capitolo «The Interanimation of Words»[29], Richards spiega dettagliatamente il funzionamento di questo processo, ponendo le fondamenta per la sua innovativa teoria sulla metafora, considerata come una "transizione" tra contesti[30]. La metafora si configura così come il prodotto dell'interazione tra un *tenor* – un'idea, un pensiero – e un *vehicle* (l'elemento per mezzo del quale si esprime il *tenor*), un termine che spesso si utilizza per trasmettere un'idea diversa[31]: «In the simplest formulation, when we use a metaphor we have two thoughts of different things active together and supported by a single word, or phrase, whose meaning is a resultant of their interaction» («Nella formulazione più semplice, quando usiamo una metafora noi abbiamo due pensieri di cose differenti che sono entrambi attivi e poggiano su una singola parola, o su una frase, il cui significato è la risultante della loro interazione»)[32]. Alla teoria interazionista di Richards va riconosciuto il merito di aver superato l'idea classica di

---

26 «Il linguaggio neutro non esiste», *ibid.*: 178.

27 Cfr. Richards 1965: 11.

28 Cfr. *ibid.*:41.

29 *Ibid.*: 47–66.

30 «The traditional theory noticed only a few of the modes of metaphor; and limited its application of the term *metaphor* to a few of them only. And thereby it made metaphor seem to be a verbal matter, a shifting and displacement of words, whereas fundamentally it is a borrowing between and intercourse of *thoughts*, a transaction between contexts» («La teoria tradizionale ha dato nota soltanto di alcuni tipi di metafora; e ha circoscritto l'applicazione del termine *metafora* solo ad alcuni di essi. Così ha fatto sembrare la metafora una questione verbale, un cambiamento e uno spostamento di parole, mentre fondamentalmente si tratta di un prestito e di un rapporto tra *pensieri*, di una transizione tra contesti»), Richards 1965: 94.

31 Per una spiegazione dettagliata dei concetti di *tenor* e *vehicle*, si veda il capitolo «Metaphor», *ibid.*: 89–112.

32 *Ibid.*: 93.

"denominazione deviante", sebbene in essa si dedichi scarsa attenzione al fenomeno di contraddizione che si rende evidente sul piano sintagmatico, quello
su cui invece opera Max Black, il quale nel 1962 pubblica il suo *Models and
Metaphors*. Il filosofo anglo-americano analizza l'incongruenza semantica che
si realizza tra una parola usata in "modo metaforico" (*focus*) e il contesto in cui
essa viene introdotta (*frame*), ritrovando il valore metaforico del *focus* proprio
nel suo rapporto con il contesto dato[33]: «In general, when we speak of a relatively
simple metaphor, we are referring to a sentence or another expression in which
some words are used metaphorically while the remainder are used nonmetapho-
rically» («Generalmente, quando parliamo di una metafora relativamente semplice, ci riferiamo a una frase o a un'altra espressione in cui *alcune* parole sono
usate metaforicamente mentre le altre sono usate non metaforicamente»)[34].
Black riconosce uno straordinario valore informativo nell'enunciato metaforico,
e distingue tre tipi di processo – *substitution-metaphor, comparison-metaphor* e
interaction-metaphor – offrendone la seguente descrizione:

> Substitution-metaphors and comparison-metaphors can be replaced by literal transla-
> tions (with possible exception for the case of catachresis) – by sacrificing some of the
> charm, vivacity, or wit of the original, but with no loss of *cognitive* content. But "interac-
> tion-metaphors" are not expendable[35].

Alla base del processo metaforico si presuppone l'esistenza di un soggetto
principale (*principal subject*), sul quale, attraverso un sistema di associazioni
e implicazioni, si innestano le caratteristiche di un soggetto secondario (*subsi-
diary subject*)[36]. L'identificazione di questo soggetto diventa possibile soltanto
in virtù di una preliminare contestualizzazione, come osserva Michele Prandi
in *Grammaire philosophique des tropes* (1992), studio in cui si amplia lo spettro analitico e si amplificano le categorie di Black, oltrepassando il livello della
frase e focalizzando l'attenzione sulla scelta interpretativa relativa a un testo nel
suo complesso. Soltanto in funzione di una specifica intenzione interpretativa
si potrà determinare, secondo Prandi, l'esistenza di un conflitto in termini di
coerenza, poiché l'essenza della metafora viva non si coglie solo nell'espressione

---

33 Cfr. Black 1962: 27–28.
34 *Ibid.*: 27.
35 «Le metafore sostitutive e le metafore comparative possono essere rese attraverso una
    traduzione letterale (salvo possibili eccezioni nei casi di catacresi) – sacrificando parte
    del fascino, della vivacità o dello spirito dell'originale, ma senza perdita di contenuto
    cognitivo. Ma le metafore d'interazione non sono rimpiazzabili», *ibid.*: 45–46.
36 Cfr. *ibid.*: 46.

isolata oppure nel rapporto con la frase in cui essa compare, bensì piuttosto in relazione alle categorie di realtà sulla base delle quali si è deciso di operare sul testo, inteso nella sua globalità: «La coerenza testuale non può essere predicata di un'espressione isolata, ma solo della relazione contingente che un'espressione intrattiene con un testo dato. In secondo luogo, la coerenza non è indipendente dalle scelte interpretative»[37]. All'interno di questo quadro teorico, la metafora si profila come una figura nata da un conflitto, il cui contenuto «non coincide con il significato dell'espressione incoerente, ma è l'esito contingente e reversibile di un atto di interpretazione testuale o discorsiva, che come tale appartiene alla stessa dimensione indicale nella quale rientra l'interpretazione di qualsiasi messaggio»[38]. La metafora conflittuale rappresenta, nella nostra prospettiva, il tipo ideale di metafora, differenziandosi dagli altri modelli in funzione del diverso risultato prodotto dal processo interazionale tra i termini implicati:

> L'interazione è un processo *dinamico* che coinvolge concetti eterogenei – uno coerente e uno estraneo – in competizione per caratterizzare lo stesso oggetto, e ammette come saldo una grandezza algebrica, in grado di assumere un valore negativo, nullo o positivo. Nel primo caso, si ha catacresi, cioè pura e semplice estensione del significato di una parola: il concetto estraneo adatta il suo contenuto a un nuovo oggetto. Nel secondo, si ha un'interpretazione sostitutiva, che alcuni tipi strutturali di metafora ammettono: il concetto coerente scaccia il concetto estraneo e ne prende il posto. Nel terzo, si ha proiezione: il concetto estraneo interviene attivamente sull'identità del soggetto di discorso pertinente[39].

3. Sulla traduzione di alcune metafore quasimodiane

Salvatore Quasimodo riconosce un ruolo molto importante alla metafora in quanto processo di espressione poetica, privilegiando le immagini prodotte da ciò che egli definisce «analogia concentrata»: «Mi voglio fermare su un verso: "e il sibilo dei pioppi illuminati – dal vento" per determinare ciò che io intendo per immagine, a differenza della similitudine, che necessita del come, ecc., da cui poi nasce l'analogia concentrata»[40]. L'abbondanza di complesse costruzioni metaforiche è una delle caratteristiche dell'ermetismo quasimodiano, il segno di un linguaggio evocativo attraverso il quale la poesia diventa lo strumento per esprimere il rapporto con l'assoluto e – soprattutto nei primi volumi – l'angoscia

---

37 Prandi 2008: 16.
38 *Ibid.*: 13.
39 *Ibid.*: 12.
40 Quasimodo 2012: 1186.

esistenziale provocata dalla nostalgia di luoghi e tempi andati. Uno dei componimenti in cui trova pregevole descrizione tale sentimento è *Verde deriva*[41], dal volume *Oboe sommerso*: il conflitto concettuale innescato dalle metafore quasi-modiane, come vedremo, è stato attenuato in modo pressoché sistematico nella traduzione di A. E. Baconsky.

3.1. Il verbo

La metafora verbale presuppone l'esistenza di un'incongruenza tra le sfere semantiche alle quali appartengono il verbo e l'argomento – o gli argomenti – implicati nella costruzione. Secondo Michele Prandi, la possibilità di individuare un referente virtuale in grado di restituire pertinenza all'enunciato distingue i verbi sostitutivi da quelli non-sostitutivi:

> Un verbe métaphorique est substitutif si le lexique dispose d'un terme capable d'envisager une ou plusieurs connexions équivalentes non métaphoriques avec les rôles propositionels impliqués. [...] Mais, si le transfert, au lieu de reparcourir des connexions préalablement définies, dépasse les frontières conceptuelles explorées par le lexique, la métaphore est irréversible[42].

Sebbene la configurazione delle metafore verbali sembri suggerire di operare analiticamente sul piano strettamente sintagmatico, visto che il conflitto tra i due termini dell'interazione si manifesta *in praesentia*, è proprio la metaforicità di un determinato verbo a imporre uno slittamento sul piano paradigmatico, in funzione di una necessaria ricategorizzazione semantica (*in absentia*) del soggetto o del complemento a cui il relativo verbo si riferisce. In questo senso, il componimento *Verde deriva* offre spunti interessanti:

a. «o angeli fermava la neve sugli ontani» (v. 10);
b. «pigre campane affondano» (v. 2);
c. «case dormivano sonno di montagne» (v. 9).

Nella prima occorrenza abbiamo a che fare con un verbo bivalente («fermava»), che, volendo optare per una lettura metonimica di tipo causa-effetto, potrebbe anche considerarsi non-metaforico rispetto al soggetto dell'enunciato («la

---

41 *Ibid.*: 71.
42 «Un verbo metaforico è sostitutivo se il lessico dispone di un termine capace di realizzare una o più connessioni equivalenti non metaforiche con i ruoli proposizionali implicati. [...] Ma se il transfert, invece di ripercorrere delle connessioni precedentemente definite, oltrepassa le frontiere concettuali esplorate dal lessico, la metafora è irreversibile», Prandi 1992: 121–122.

neve»): a causa della neve, gli angeli si fermavano sugli ontani. La metaforicità del verbo è comunque suggerita dall'immagine in cui è coinvolto anche il complemento del verso 11 («e [fermava] stelle ai vetri»), ciò che induce Baconsky a individuare un corrispondente virtuale del verbo in questione, traducendolo con *închipuia* (formava): «sau zăpada închipuia îngeri prin arini/şi stele pe geamuri» («o la neve formava angeli tra gli ontani/e stele sui vetri»). Considerando l'ipostasi realista dell'immagine, riconosciamo il motivo che ha spinto il traduttore a operare tale modifica: la neve posata sui rami degli ontani evoca l'immagine di ali d'angelo, mentre i cristalli di ghiaccio sui vetri ricordano le stelle. La disambiguazione della figura – operata attraverso la trasformazione di «fermava» in «formava» – produce però un depotenziamento dell'immagine stessa, che si affievolisce in termini di suggestività e subisce altresì la perdita della specifica connotazione simbolica della neve, un elemento che sul piano immaginativo agisce in maniera inversa rispetto all'acqua, al suo fluire, suggerendo piuttosto l'interruzione dello scorrimento inesorabile del tempo, l'immobilità tipica del ricordo[43] – da qui la coerenza del verbo "fermare" –, una sensazione rafforzata inoltre dal passaggio al tempo imperfetto. Sebbene il verbo *a închipui* manifesti un certo grado di metaforicità in rapporto al soggetto (*zăpada*), il cambiamento operato in traduzione produce comunque un'attenuazione del potere evocativo posseduto dall'immagine nell'originale.

A. E. Baconsky opta per una simile soluzione anche nell'occorrenza *b*, dove il verbo «affondano», metaforico rispetto al soggetto «campane», è reso attraverso un più esplicito *se mistuie* (si dissipano) nel verso tradotto: *clopote lente se mistuie* (le lente campane si dissipano). La scelta scioglie in un certo qual modo il conflitto concettuale innescato dal verbo, eliminando il riferimento alla dimensione acquatica da esso evocata, in questo caso come "abisso della memoria", in risonanza simbolica con l'atmosfera notturna del verso precedente («Sera: luce addolorata» v. 1; la traduzione proposta è fedele: «Seară: lumină mîhnită»).

Il conflitto concettuale innescato dalla configurazione metaforica è mantenuto nella traduzione della terza occorrenza (*c*), in cui lo scrittore romeno restituisce la personificazione del soggetto inanimato («case») attraverso una riproduzione della *métaphore filée* che troviamo nell'originale («case dormivano sonno di montagne»), costituita da una metafora verbale e da una metafora sostantivale con preposizione: «case dormeau somnul munţilor» (case dormivano il sonno delle montagne). La traduzione risente di quella che è una specificità della lingua romena, ovvero la costruzione con il genitivo (*munţilor*), che induce l'autore

---

43 Cfr. Bachelard 2011: 84–123.

ad articolare anche il sostantivo a cui il genitivo stesso si riferisce (*somnul*) e, soprattutto, determina un parziale e inevitabile stravolgimento delle relazioni semantiche tra i due sostantivi. Nell'espressione «sonno di montagne» è infatti il primo elemento a fungere da fulcro, mentre il complemento introdotto dalla preposizione ha una funzione più che altro connotativa. Si sarebbe potuto mantenere tale rapporto anche in lingua romena optando per una costruzione con la preposizione *de* (*somn de munţi*, che riproduce esattamente l'originale «sonno di montagne»), mentre con la traduzione proposta (*somnul munţilor* = il sonno delle montagne) è il secondo sostantivo ad assumere centralità all'interno del costrutto.

3.2. L'aggettivo

Focalizzando la nostra attenzione sull'occorrenza *b*, rileviamo la presenza di un attributo non pertinente rispetto al sostantivo «campane», ovvero «pigre», un elemento che determina un incremento di metaforicità dell'enunciato, poiché l'aggettivo funge da intensificatore della conflittualità semantica. Secondo Michele Prandi, infatti, l'aggettivo entra nella configurazione metaforica in qualità di modificatore, attribuendo al sostantivo a cui si lega qualità che non gli sono proprie. L'interazione si sviluppa sul piano sintagmatico, sebbene la riconfigurazione semantica del contesto non escluda la necessità di proiettarsi sul piano paradigmatico; nel momento in cui l'identificazione di un soggetto virtuale che ristabilisca la coerenza dell'enunciato si rivela insufficiente o impossibile abbiamo a che fare con una metafora il cui potenziale evocativo risiede nell'irriducibile tensione tra i termini che la compongono[44]. Baconsky, in modo piuttosto arbitrario, traduce la parola «pigre» con *lente* (lente), annullando così la metafora e, con essa, l'entrata nell'atmosfera sognante che caratterizza i versi successivi, nei quali si costruisce un'evasione onirica di tipo cosmico, dove sorprende inoltre la scelta del poeta romeno di inserire l'aggettivo *înalte* (alte), assente nella versione originale:

> *d.* „[sopori scendevano dai cieli]/dentro acque lunari" (v. 8);
> *trad.*: „[O toropeală descindea din cer]/dintre <u>naltele</u> ape lunare".

L'aggiunta si rivela gratuita visto che l'aggettivo non interviene come modificatore, tantomeno come intensificatore della rispettiva configurazione metaforica, la quale mantiene una coerenza di ordine poetico con il resto del componimento. Tale coerenza viene spesso alterata proprio a causa della tendenza di Baconsky

---

44 Cfr. Prandi 1992: 97–102.

a risolvere i conflitti concettuali innescati all'interno di tali configurazioni, così come accade anche nella traduzione della poesia *Spazio*[45]:

> *e.* „[Talvolta un bambino vi canta]/non mio; breve è lo spazio" (v. 4–5);
> *trad.:* „[Cîteodată mai cîntă-un copil]/care nu-i al meu: strîmt e spaţiul".

La traduzione di Baconsky, annullando il conflitto semantico attraverso l'utilizzo di *strîmt* (stretto) al posto di *scurt* (breve), non determina soltanto la perdita di suggestività della rispettiva metafora, quanto, per di più, la rottura della coerenza poetica profonda su cui si costruisce il testo. L'aggettivo «breve» si connota come *focus* dell'interazione poiché rimanda preliminarmente a una dimensione di tipo temporale in un contesto che vede l'immagine svilupparsi soltanto su coordinate spaziali[46]: si tratta, in un certo qual modo, di abolire la percezione della durata, aspetto essenziale in un componimento che evoca la tensione provocata dalla brevità dell'esistenza, percepita dal poeta come un istante rispetto alla dimensione cosmica. Tale sentimento di ineluttabile e fugace transitorietà si colloca anche al centro della poesia che dà il titolo al volume, *Ed è subito sera*, riprodotto, per mezzo di un evidente parallelismo intertestuale, all'interno dei primi versi del componimento *Spazio*: «Ognuno sta solo sul cuor della terra/trafitto da un raggio di sole:/ed è subito sera» (*Ed è subito sera*)[47]; «Uguale raggio mi chiude/ in un centro di buio,/ed è vano ch'io evada» (*Spazio*, vv. 1–3; trad.: «O rază egală mă-nchide/într-un făgaş de-ntuneric,/şi în zadar aş evada»[48]).

3.3. Gruppo binominale con preposizione *di*

Alla luce di tali considerazioni, sarà più agevole scorgere il significato profondo della metafora binominale del secondo verso della poesia *Spazio*:

> *f.* «in un centro di buio» (v. 2);
> *trad.:* «într-un făgaş de-ntuneric».

---

45 Quasimodo 2012: 19; trad.: *Spaţiu*, Quasimodo 1961: 28.

46 «Uguale raggio mi chiude/in un centro di buio,/ed è vano ch'io evada. /Talvolta un bambino vi canta/non mio; breve è lo spazio/e d'angeli morti sorride» (dalla poesia *Spazio*, Quasimodo 2012: 19, vv. 1–6; trad.: «O rază egală mă-nchide/într-un făgaş de-ntuneric,/şi în zadar aş evada./Cîteodată mai cîntă-un copil/care nu-i al meu: strîmt e spaţiul/şi surîde cu îngeri ucişi», Quasimodo 1961: 28).

47 Quasimodo 2012: 9. Proponiamo di seguito la traduzione in lingua romena a cura di Ilie Constantin, visto che la poesia *Ed è subito sera* non è tra quelle tradotte da A. E. Baconsky: «Fiecare stă singur pe inima pământului/străpuns de o rază de soare:/şi iute e seară» (*Şi iute e seară*, Quasimodo 2010: 7).

48 Quasimodo 1961: 28.

Questo tipo di metafora rappresenta un modello particolare di costruzione sostantivale, in cui l'interazione è attivata dalla preposizione «di» (*de* in romeno), sebbene, come abbiamo avuto modo di spiegare nei precedenti paragrafi con il caso di «somnul munților», nel caso specifico della lingua romena esiste la possibilità di ricorrere a un costrutto di tipo genitivale, non senza parziale modifica del rapporto tra i sostantivi implicati. Quando parliamo di "metafora binominale con preposizione" ci riferiamo a una configurazione *in praesentia*, secondo la canonica categorizzazione proposta da Michele Prandi[49]. La costruzione in oggetto prevede infatti una configurazione grammaticale del tipo nome-complemento che si sviluppa sul piano sintagmatico, sebbene, come sottolinea in modo puntuale Annafrancesca Naccarato,

> Le conflit sémantique se déroule toujours au niveau syntagmatique (*in praesentia*) mais, si dans certains cas le pivot de la métaphore, le «de», associe le sujet de discours primaire et le sujet de discours subsidiaire, en produisant une structure entièrement *in praesentia*, dans d'autres la recatégorisation des éléments qui participent au transfert passe par la médiation d'un double virtuel *in absentia*[50].

Nell'occorrenza *f*, il catalizzatore sul piano immaginativo è la parola «centro», evocatrice di un'immagine archetipale[51] in cui convergono il principio, l'essenziale e la "adimensionalità", per via dell'assimilazione con il punto in quanto elemento fondamentale e insondabile dello spazio. In combinazione con il complemento «buio», esso diviene lo spazio intimo verso cui tende e nel quale si smarrisce l'io del poeta (corrispondente al «cuore della terra» di *Ed è subito sera*): il fatto di riconoscersi proprio nel centro del proprio universo non scongiura una claustrofobica percezione della propria finitudine («ed è vano ch'io evada», v. 3 di *Spazio*; «ed è subito sera», v. 3 di *Ed è subito sera*). Il pivot della metafora «centro di buio» non è definitivamente identificabile poiché i due termini della relazione si intensificano reciprocamente in termini di evocatività immaginativa e di risonanze intime che l'immagine produce: tale carica simbolica viene in parte ridimensionata con la scelta di Baconsky di rendere la parola «centro» non con un più immediato *centru*, bensì con «făgaș» (solco).

---

49 Cfr. Prandi 1992: 245–246.
50 «Il conflitto semantico si sviluppa sempre a livello sintagmatico (*in praesentia*), ma se in alcuni casi il pivot della metafora, il "de" ["di" in italiano, *N. d. T.*], associa il soggetto del discorso primario e il soggetto del discorso secondario, producendo una struttura interamente *in praesentia*, in altri la ricategorizzazione degli elementi che partecipano al transfert avviene per mezzo di un doppio virtuale *in absentia*», Naccarato 2012: 76.
51 Cfr. Durand 1992: 280–285.

La costruzione analogica nome-complemento sembra essere una delle figure retoriche privilegiate da Quasimodo, come suggerisce la serie di metafore binominali con preposizione *di* che incontriamo nella seconda strofa:

g. [chè buona se pure vi rombano abissi]/di acque, di stelle, di luce (v. 8–9);
trad.: [care mi-e dragă, chiar dacă aud acolo]/abise de lumini, de ape, de stele.

La prima costruzione (la seconda in traduzione), «abissi di acque» («abise [...] de ape»), manifesta una metaforicità relativa, poiché l'abisso risulta semanticamente pertinente con l'elemento acquatico. Sul piano immaginativo, ciò che qui si evoca è l'insondabilità dell'esistenza profonda, in consonanza con i successivi complementi («di stelle», «di luce»), i quali rimandano a una dimensione cosmica, innescando un gioco di corrispondenze quasi ossimoriche con il soggetto dato («abissi») sulla base di un'affascinante opposizione buio-luce. L'esatta traduzione di Baconsky permette di cogliere tale meccanismo oppositivo; riteniamo però arbitraria la modifica della funzione grammaticale della parola «abissi» (*abise*), che diventa il complemento dell'azione di ascolto compiuta dall'io lirico («aud acolo abise», trad.: ascolto lì abissi), assente in originale. Anche in questo caso la traduzione della metafora manifesta una specifica complessità, presupponendo l'esplorazione delle zone più profonde del testo.

4. Conclusioni

Come si è avuto modo di osservare, nel processo traduttivo si è portati in più di un caso alla disambiguazione, il che comprendiamo essere a volte il segno di un'intenzione autoriale più o meno esplicita tesa a garantire al lettore una piena comprensione del testo nella lingua d'arrivo. Ciò, in ogni caso, determina spesso una perdita sul piano della ricchezza semantico-simbolica di una data immagine e, conseguentemente, l'abolizione di quella sospensione di spirito che l'interiorizzazione della poesia in quanto tale presuppone. Tendiamo ad assumere come nostre le riflessioni proposte da A. E. Baconsky, il quale coglie nella diversa natura della comunicazione poetica non soltanto la cifra di una modalità espressiva che si fonda sulla riorganizzazione discorsiva del pensiero: egli vede in essa l'instaurazione di nuovi rapporti tra le parole sulla base di un paradigma metaforico inteso non come strumento compositivo, bensì come piano dell'espressione in cui si vengono a stabilire inedite analogie tra concetti apparentemente estranei. Nel passaggio da una lingua all'altra, la riproduzione di tale "conflitto" concettuale, oltre a rappresentare una sfida suggestiva per il traduttore, manifesta forse al più alto grado il compromesso tra poeticità ed eticità di cui parlava Antoine Berman. Volendo riprendere l'analogia proposta da Baconsky tra le parole e le note musicali, sentiamo di poter affermare che la corretta interpretazione della metafora, intesa come manifestazione di un "conflitto" necessario al mantenimento della coesione testuale, permette di intendere la traduzione poetica come trasfigurazione testuale in cui al mutamento della linea melodica corrisponde un'immutata struttura armonica profonda.

Bibliografia

Bachelard, G. (2011), *La Poétique de la rêverie*, Paris: Presses Universitaires de France.

Baconsky, A. E. (1969), *Meridiane – Ediție completă*, București: Editura pentru Literatură.

Baconsky, A. E. (1965), *Meridiane – Pagini despre literatura universală contemporană*, București: Editura pentru Literatură.

Berman, A. (1995), *Pour une critique des traductions: John Donne*, Paris: Gallimard.

Black, M. (1962), *Models and Metaphor*, Ithaca: Cornell University Press.

Durand, G. (1992), *Les Structures anthropologiques de l'imaginaire*, Paris: Dunod.

Jung, C. G. (1950), *Types psychologiques*, Ginevra: Georg.

Naccarato, A. (2012), *Traduire l'image – L'œuvre de Gaston Bachelard en italien*, Roma: Aracne.

Prandi, M. (1992), *Grammaire philosophique des tropes*, Paris: Les Éditions de Minuit.

Prandi, M. (2008), La metafora tra conflitto e coerenza: interazione, sostituzione, proiezione. In: C. Casadio (a cura di), *Vie della metafora: linguistica, filosofia, psicologia*, Sulmona: PrimeVie, 9–52.

Quasimodo, S. (2010), *Giorno dopo giorno – Zi după zi*, scelta antologica e traduzione dall'italiano di I. Constantin, Pitești: Paralela 45.

Quasimodo, S. (2012), *Poesie e discorsi sulla poesia*, Milano: Mondadori – I Classici della Poesia.

Quasimodo, S. (1961), *Versuri*, traduzione in lingua romena di A. E. Baconsky, București: Editura Tineretului.

Richards, I. A. (1965), *The Philosophy of Rhetoric*, New York: Oxford University Press.

Ricœur, P. (1975), *La Métaphore vive*, Paris: Éditions du Seuil.

Appendice

VERDE DERIVA[a]

Sera: luce addolorata,
pigre campane affondano.
Non dirmi parole: in me tace
amore di suoni, e l'ora è mia
come nel tempo dei colloqui
con l'aria e con le selve.
Sopori scendevano dai cieli
dentro acque lunari,
case dormivano sonno di montagne,
o angeli fermava la neve sugli ontani,
e stelle ai vetri
velati come carte d'aquiloni.

Verde deriva d'isole,
approdi di velieri,
la ciurma che seguiva mari e nuvole
in cantilena di remi e di cordami
mi lasciava la preda:
nuda e bianca, che a toccarla
si udivano in segreto
le voci dei fiumi e delle rocce.

Poi le terre posavano
su fondali d'acquario,
e ansia di noia e vita d'altri moti
cadeva in assorti firmamenti.

Averti è sgomento
che sazia d'ogni pianto,
dolcezza che l'isole richiami.

VERDE DERIVĂ[b]

Seară: lumina mîhnită,
clopote lente se mistuie.
Nu-mi spune vorbe: în mine tace
iubirea de sunete – şi iată mi-e ceasul
ca-n vremea convorbirilor
cu pădurea şi vîntul.
O toropeală descindea din cer
dintre-naltele ape lunare,
case dormeau somnul munţilor
sau zăpada închipuia îngeri prin arini
şi stele pe geamurile
vălurite ca nişte hărţi ale viscolului.

Verde derivă de insule,
debarcadere de nave,
vîslaşii ce urmăreau norii pe mări
în cîntul de rame şi funii,
îmi lăsau prada:
nudă şi albă, încît atingînd-o
se-auzeau în taină
glasuri de fluvii şi stînci.

Apoi ţărmurile pozau
pe fundale de-acvariu,
şi chinul urîtului şi viaţa cu alte
　　　　　　　　　imbolduri
piereau în vîrtejuri albastre.

A te avea pe tine e o spaimă
ce vindecă de orice plînset,
iubire ce rechemi în mine insulele.

SPAZIO[c]

Uguale raggio mi chiude
in un centro di buio,
ed è vano ch'io evada.
Talvolta un bambino vi canta
non mio; breve è lo spazio
e d'angeli morti sorride.

Mi rompe. Ed è amore alla terra
ch'è buona se pure vi rombano abissi
di acque, di stelle, di luce;
se pure aspetta, deserto paradiso,
il suo dio d'anima e di pietra.

SPAȚIU[d]

O rază egală mă-nchide
într-un făgaş de-ntuneric,
şi în zadar aş evada.
Cîteodată mai cîntă-un copil
care nu-i al meu: strîmt e spaţiul
şi surîde cu îngeri ucişi.

Mă sfîşie. Şi iată, e iubirea de ţară
care mi-e dragă, chiar dacă aud acolo
abise de lumini, de ape, de stele;
chiar dacă aştept, pustiu paradis,
zeul ei de suflet şi piatră.

[a] Quasimodo 2012: 71.
[b] Quasimodo 1961: 46–47.
[c] Quasimodo 2012: 19.
[d] Quasimodo 1961: 28.

Eleonora Federici

Università di Ferrara

Translation, Contamination, Rebirth: Jhumpa Lahiri's 'other words'

Abstract Jhumpa Lahiri's works written in Italian are a challenging example of the writer's self-translation into Italian. They stand as the result of an act of writing, translation and self-translation into an acquired language born out of passion and interest for a foreign culture. Lahiri embodies the figure of a transnational writer on the world literary panorama, a writer engaged in many tasks: writing, translating and self-translating not directly her work but her own sense of identity and cultural belonging. The essay analyse the writer's creative process in her latest production written in Italian.

Keywords: *Self-Translation; Writing; Transnational Writer; Italian Language*

1. Introduction: The Need for a Different Language

"I needed a different language: a language that was a place of affection and reflection" with this *exergo* taken from Antonio Tabucchi, Jhumpa Lahiri introduces for the first time to the reader the reasons of her writing in Italian. *In altre parole* was published in 2015 by Guanda (winning the Premio Viareggio Versilia prize) and the following year by Vintage with the title *In Other Words* (with parallel text in Italian) Lahiri describes her new book as a sort of linguistic autobiography, a self-portrait. The opening sentence summarises Lahiri's attitude towards the Italian language, a language she has deeply loved from the very start, a language she has fiercely wanted to learn and to which she has devoted herself with passion and love. Her love at first sight is narrated in the book written as a confession where the writer reveals the motivations of her writing in a non-native language, Italian, an idiom she does not speak perfectly and that carries in her re-elaboration new rhythms and foreign sounds. Unlike the three most celebrated authors writing in a non-native language – Samuel Beckett, Joseph Conrad and Vladimir Nabokov – Lahiri has no personal ties with the Italian language, she does not possess a family Italian background, nor she has lived in the country for many years (before deciding to live in Rome for three years to learn it), however at this stage of her life she has decided to adopt the language and the culture of a place geographically and culturally far from her. It is not totally right to affirm that she adopted Italian language and culture, it is more appropriate to say that she was adopted by them. The language becomes in her words "a place", a spatial entity the writer inhabits, a space where affection, emotions and experiences take place, and where the mind can pause and reflect until the rational comes to light. The spatial metaphor is reiterated in Lahiri's idea of being adopted by the Italian language, a metaphor already used and abused by writers writing in a second or acquired language, yet still forceful.

Already in the 1919 edition of his autobiographical text *A Personal Record*, Joseph Conrad asserted that he engaged with the "genius of English language" (vii), he was adopted by it. Writing in English was not a choice but something he felt, not a matter of inheritance, but of discovery, a sort of journey in a new language and culture, even if probably, this choice was also due to the will to publish and be read by more people. Similarly, Lahiri affirms that her choice to write in Italian is a change in her life she felt pushed towards. Writing in Italian is a challenge, an ongoing tension towards a new form of writing, the locus of a new creative stimulus. The passage to the Italian language "reflects a radical transition, a state of complete bewilderment"[1], a bewilderment through which the writer rediscovers the reasons for writing.

In my essay I want to demonstrate how the acts of writing, translation and self-translation are entangled in Lahiri's life and work and how she embodies the figure of a new transnational author in the world literary panorama, for whom translation is an act of writing and writing is an act of self-translation. As a matter of fact, translation is at the centre of Lahiri's narrative world, very often she has portrayed translators or interpreters in her stories, utilizing a meta-translation narrative for which both character and theme were connected to the activity of translation[2]. Furthermore, to render her entanglement with the act of translation even more tight, Lahiri has worked as a translator, recently she has translated from Italian into English Domenico Starnone's novels *Ties* (2017) and *Trick* (2018). Interestingly, in the "Introduction" to *Ties* Lahiri describes her work as a translator:

> I too had to break a formidable container: the container of Italian. For many years I have searched within that box, trying to piece together a new sense of myself. My relationship to Italian incubates and evolves in a sacred vessel I hold dear. My impulse has been to guard it, to not contaminate it[3].

---

1   Lahiri 2017: 57.
2   Federici 2007.
3   Lahiri 2017: xiii.

Translating is thus a work of going back to things again and again, of "scavenging and intuiting the meaning"[4], it is a work with words that are repetitively examined, weighed and chosen according to the translator's interpretation and style. In the most recent translation, *Trick*, Lahiri writes a translator's note commenting on the choice of the title of the volume in English and explains to the reader her translation choices. She compares Starnone's book with Henry James's short story "The Jolly Corner" putting the text in relation with another one and offering her interpretation of the novel. Translation comes from textual interpretation and from the translator's ability to convey the source text. To the work as a translator from Italian into English Lahiri has recently added the work of editor for the forthcoming *The Penguin Book of Italian Short Stories* that published in 2019.

2. Transnational Writers, Translational Cultures

Scholars researching on the notion of transnational writers[5] have emphasized the connection between life, writing and translation as a means to talk about a plurilingual identity. Transnational literatures today are fundamental tools to understand "displacement, disorientation and agency in the contemporary world"[6]. The issue of the mother tongue is central in Azade Seyhan' s study, since a central problem in transnational literature written by women is identity, considered as a fluid entity that overcomes painful experiences and that can be rebuilt through writing in a language other than the mother tongue. National identity seems not to be founded on the mother tongue anymore:

> If language is the single most important determinant of national identity, as many have argued, and narratives (specifically, epics and novels) institute and support national myths and shape national consciousness [...], what happens when the domain of national language is occupied by non-native writers, writers whose native, mother, home, or community language is not the one they write in?[7]

Language mirrors a new social reality in which old terms are not adequate to describe a modified society; adjectives such as "exilic", "ethnic", "migrant" or "diasporic" are not sufficient to explain the complexity of linguistic processes, the nuances in writing that emerge from geographies, stories and cultural practices by authors who choose to write in a different language from their own mother

---

4   Lahiri 2017.
5   Lionnet 2005.
6   Seyhan 2000: 7.
7   *Ibid.*

tongue. From this perspective Seyhan agrees with Appadurai's statement: "No idiom has yet emerged to capture the collective interests of many groups in translocal solidarities, cross-border mobilizations, and post-national identities"[8]. Transnational writers transcend national borders, questioning the continuous struggle to preserve the mother tongue (and mother culture) and the adaptation to the new land, its language and its culture. They are often born from migrant experiences, they belong to immigrant communities and they need an act of negotiation. The use of the 'adopted' language reflects the writers' movement from one place to another and from one language to a new one. Homi Bhabha's theory of a "translational culture" and imagined communities can be useful in order to understand the work of transnational writers and to perceive how the notion of self-translation is central in their writing. Displacement obliges the writer to translate him/herself, to live, as Niranjana affirms, 'in translation', where the term translation summarises a profound process of re-reading and re-writing one's own identity[9]. As a matter of fact, speaking about their own identity in another language authors have been called also as "transplanted subjects"[10].

The concept of translated subjects has been widely addressed by Postcolonial scholars in translation Studies[11]. Postcolonial writers have been considered as translators of an in-between identity, emblems of a country where different languages can be heard and where other cultures can be seen. Moreover, writers born and bred in places that have been colonized have also been defined as 'translingual' because of their swapping between two or more languages[12]. The notion of translingualism has been used as a definition for bilingual authors or writers who have acquired a second language moving from one linguistic code to another thus producing neologisms and a new style. The idea that writing in two languages is an act of translation has been made clear by authors who do not just switch codes through lexicon but alternate or reshape syntax and often choose the autobiographical genre[13].

The reasons for writing in a non-native language can be many and can be due to the author's life and experiences, his/her cultural background, the necessity to move to another country and be integrated in its society. Their motivations can be varied, economic, political or connected to private life. Transnational writers

---

8   Appadurai 1996: 166.
9   Niranjana 1992.
10   Wilson 2011.
11   Spivak 1992; Robinson 1997.
12   Canagarajah 2013.
13   de Courtivron 2003; Kellmann 2000 and Lesser 2004.

adapt to the culture they inhabit and the same passage from one language/culture to another causes a distancing process allowing them to observe their surrounding reality from an outsider and marginal point of view, and to reflect on their own experience. Writings by migrant writers become testimony also because they often choose autobiographical forms (life-narratives) and describe their feelings and experiences in exile[14]. As Rosalia Baena writes, life writings follow a complex dynamic of cultural production "where aesthetic concerns and the choice and manipulation of form serve as signifying aspects to experiences and subjectivities"[15]. Autobiographical writings are forms of identity construction and negotiation of "transculturality", and as Desideri outlines, translingual authors are seduced by a multiple polyphony and aspire to a sort of nomadic wandering made visible in the narration in other linguistic codes[16]. Authors choosing to write in more than one language, or even utilizing one while being aware of the many influences and interferences of other idioms, define themselves as living in the overlap of two languages so that one language which overlaps another partly coincides with the second one; The two languages are enmeshed and intermingled. As a matter of fact, to live in-between two languages and use them in communicating, means to "switch, shift, alternate not just vocabulary and syntax but consciousness and feelings"[17]. Similarly, Susan Bassnett has affirmed that "translating one's own writing involves more than interlingual transfer"[18], emotions and feelings are at stake, and writers express themes such as the loss of the language of childhood, nostalgia, and the adoption of the "step-mother". A well-known example is Eva Hoffman, one of the most quoted transnational writers, who talks about loss in translation and a "life in a new language" where translation is a "therapy" that offers "instruments and the vocabulary of self-control"[19]. Likewise, Lahiri affirms that writing in Italian is a sort of literary act of survival, a linguistic metamorphosis[20] through which the author is transformed and reborn.

---

14 Federici, Fortunati 2017.
15 Baena 2007: 7.
16 Desideri 2012.
17 de Courtivron 2003: 4.
18 Bassnett 2013: 13.
19 Hoffman 1989: 273–274.
20 Lahiri 2017: chapter 20.

3. Jhumpa Lahiri's Self-translation into Italian

If we accept within the wide and controversial umbrella of the term self-translation the fact of writing in an acquired language, this act can be seen also as a process of reinvention of one's own identity in a different language[21]. Self-translation has been the focus of various studies[22]. If on the one hand, self-translation has been analysed as an extremely creative activity, as a form of writing[23], on the other, writing has been compared to translation. Some years ago, José Saramago affirmed that "to write is to translate [...] we transfer what we see or feel into a conventional code of symbols"[24], Salman Rushdie stated that we are all "translated beings living in translated worlds"[25], Michèle Roberts explained in detail how she feels "translated" between the French and English cultural worlds through metaphors of crossing, moving and displacing[26]. The acts of writing, reading and translating have become intertwining routes where it is possible to retrace the writer's subjectivity, identity and creativity, to the point that self-translation nowadays has been considered as a recurring practice that has become a prevalent form of writing[27].

The author I have chosen to discuss self-translation in Italian is Jhumpa Lahiri, an Anglophone writer who decided to live in Italy for three years and to write directly in Italian. First of all, it is important to highlight that Lahiri cannot be considered a migrant living in the Italian context for necessity, but she has chosen to do it out of passion and interest for our culture. Writing in a foreign language has meant for her to reconstruct her own identity through an act of "transmigration" from English into Italian. Jhumpa Lahiri was born of Bengali parents in London and grown up in the United States is considered a "hyphenated identity writer", juggling between Bengali and American language and culture. She won the Pulitzer prize in 2000 for the collection of short-stories entitled *Interpreter of Maladies* and is widely known worldwide. She is authors of acclaimed works of fiction in English: *The Namesake* (2000) which has been adapted into a movie directed by Mira Nair in 2006 (dubbed into Italian with the

---

21   Eco 2013.
22   Anselmi 2012; Castillo Garcia 2006; Hokenson, Munson 2007; Cocco 2009; Ehrlich 2009; Ferraro 2011; Ferraro, Grutman 2016; Cordingley 2013; Nannavecchia 2014; Falceri *et al.* 2017; Castro *et al.* 2017; Cartago, Ferrari 2018; Gentes 2019; Ceccherelli et al 2013.
23   Bassnett, Bush 2006.
24   Saramago 1997: 85.
25   Rushdie 1991: 13.
26   Roberts 1998.
27   Grutman 2009.

title *Il destino nel nome*), *Unaccostumed Earth* (2003) and *The Lowland* (2008). All these texts offer stories of isolated, alienated migrant characters who long for loss and nostalgia[28]. Lahiri stated in an interview that she has translated on the page a feeling of displacement she herself experienced: "I always say that I feel that I've inherited a sense of that loss from my parents because it was so palpable all the time while I was growing up"[29]. This sense of displacement and of non-total belonging to a unique place is reiterated in another interview where the author says, "it's hard to have parents who consider another place "home" – even after living abroad for thirty years, India is home for them. We were always looking back so I never felt fully at home here"[30]. Affirming that her own knowledge about her mother-country, India, is a "translation" and not an everyday experience, she also states that her representation of India in the stories is in fact her own "translation of India".

Lahiri often writes about her feelings about linguistic/cultural identity and about the ways she is identified as a writer. Some years ago she reflected on the various definitions that were given to her:

> Take, for instance, the various ways I am described: as an American author, as an Indian-American author, as a British-born author, as an Anglo-Indian author, as an NRI (non-resident Indian) author, as an ABCD author (ABCD stands for American born confused ,desi' – desi meaning Indian – and is an acronym coined by Indian nationals to describe culturally challenged second-generation Indians raised in the US). According to Indian academics, I've written something known as ,diaspora fiction; in the US, it's immigrant fiction. In a way, all this amuses me[31].

Amusement about the necessity to be defined by others and her own will to define herself are united in the common themes of her works: migration, identity loss, displacement, the migrant's learning of a new language. Metaphors of belonging, memory and translation are clearly interwoven in her texts and in her statements. Like other contemporary novelists Lahiri uses metaphors of writing and translation in order to define her own identity and work so that the act of translation is linked to a practice of writing and greatly influences the notion of self-representation; it is a process, as Salman Rushdie affirmed, where something is lost and something is gained[32].

---

28   Brians 2003; Brada 2004.
29   Farnsworth 2005.
30   Patel 2005.
31   Lahiri 2002: 114.
32   Rushdie 1991; Trivedi 2005.

4. Jhumpa Lahiri's Translators, Jugglers Between Cultures

Lahiri follows other writers creating meta-translation novels[33], she uses translators' characters to reflect her own self-reflection on translation. The mise-en-abîme of translators and translations in meta-translation novels, novels concerned with this theme, visualise both the difficulties of the translator's role in multicultural societies and the complexity of the act of translation from one language/culture to another. Famous examples are Christine Brooke Rose's *Between* (1968); Leila Abouleila's *The Translator* (1999) and J. Crowley's *The Translator* (2002). Interpreters and translators are protagonists of stories of in-betweenness, epitomising at the same time the sense of belonging to more than one culture and the complex task they accomplish as mediators. At the centre of these plots the reader finds characters who struggle to define their own identity and, at the same time, try to understand the point of view of the "other" in order to negotiate between linguistic and cultural differences. This effort of bridge-building is based on the one hand on the deconstruction of stereotypes, and on the other in the resetting of inevitable boundaries. The untranslatable elements are accepted through a critical perspective of the ineluctability of a cultural difference envisioned not through a hierarchical juxtaposition but as an enriching interweaving. Interpreters and translators expose the limits of translations, the "space of the untranslatable"[34] that unavoidably remains in between the two cultures. The embodied difference of the translators, human beings who are in between cultures, symbolises their ability as jugglers between languages. Emblematic in Lahiri are two examples, the first is the character of Mr Kapasi, a tourist guide who also works as an interpreter for a doctor whose patients speak Gujarati, who is the protagonist of the short story "Interpreter of Maladies", which gives the title to the entire collection, while the second is the translator represented in the short story "The exchange" included in the collection *In Other Words*. In the first example the ability to communicate with people and to transfer meaning from one language to another is for Mr Kapasi a way of putting order in his life and decoding reality through his work as a translator. While Lahiri's assertion that translation is not only a finite linguistic act but *an ongoing cultural* one reiterates our idea of a bi-cultural approach to translation considered as a cross-cultural transfer, the author's Cartesian assertion: "I translate, therefore I am"[35] is epitomised by her character. The author herself recognises that almost all her

---

33 Federici 2006.
34 Bhabha 1994: 219.
35 Lahiri 2002: 120.

characters are translators, insofar they must make sense of the foreign in order to survive. However, in this short story the author evokes the act of translation in terms of "a failed act of speech, a fantasy of fulfilment and desire that ends how-ever in anxiety and defeat"[36]. On the one hand, Mr Kapasi receives the confession of Mrs Das's secret, her adultery, because she believes his job as an interpreter will enable him to understand her situation and help her to feel better, on the other, he realises that he cannot neither translate her own malady, which he refers to as a sense of guilt, nor "translate" Indian history and culture for the Indian-American family. In an interview Lahiri affirmed that: "the predicament at the heart of the book, the dilemma, [is] the difficulty and often the impossibility of communicating emotional pain and affliction to others, as well as expressing it to ourselves"[37]. The difficulties of mediating between cultures, the complex task to reveal his own cultural world people coming from a different cultural con-text is at the centre of the short-story. Even if, as Mr Kapasi affirms, there is not "a language barrier" between himself and "them", there certainly is a cultural one. Her choice of the subject in this short story and her insertion of cultural references to India highlight the author's cultural translation:

> the continuous struggle [...] to preserve what it means to them [her parents] to be first and forever Indian [...]. Unlike my parents I translate not so much to survive in the world around me as to create and illuminate a non-existent one[38].

In the second example, the character wants to be another person, she wants to "produce another version of herself, in the same way she could transform a text from one language into another"[39]. The translator wants to be anonymous, to live in a place where nobody knows her. She moves in another city to look for another version of herself, "a transfiguration"[40]. The author does not dwell on thoughts about the translator's work but on the character's feelings in a place where she has recently moved in order to escape from her ordinary world. The hints to the translator's work are few and mainly looking for a possible com-parison between her emotions and the books she translates. In the short-story clothes become part of the woman, the black sweater mirrors her skin, a part of her body she is not able to recognize and she does not feel comfortable with. The sweater makes her feel different, "another"[41]. Objects like the sweater take the

---

36 Monti 2002: 86.
37 Mathur 2002: 258.
38 Lahiri 2002: 120.
39 Lahiri 2017: 67.
40 *Ibid.*: 79.
41 *Ibid.*: 81.

place of words in another language, the sweater becomes the metaphor of her change and adaptation to a new place and a new language.

In Other Words is a fragmented book, it is a sort of diary where the author recalls her Italian experience, her learning the Italian language, her reflections on Italian society and culture and some notes about her relationships with Italian people. Lahiri first visited Florence with her sister in 1994 and she felt in love with the place and the language:

> what I hear, in the shops, in the restaurants, arouses an instantaneous, intense, paradox-ical reaction. It's as is Italian were already inside me and, at the same time, completely external. It doesn't seem a foreign language, although I know it is. It seems strangely familiar[42].

Remembering the first encounter with the city she adds,

> I feel a connection and at the same time a detachment. A closeness and at the same time a distance. What I feel is something physical, inexplicable. It stirs and indiscreet, absurd longing. An exquisite tension. Love at first sight[43].

The author interweaves her declarations of love to Italian language and culture with her own life: she juxtaposes her mother, a migrant characterised by a mono-lithic identity, who wouldn't change and was obsessively faithful to the culture of her homeland, with her own constant striving to transform and change. This is the reason Lahiri has always deeply loved Ovid's *Metamorphoses*, and the idea of transformation into something/someone different. In the chapter emblemati-cally entitled "The fragile shelter" the author affirms, that unlike her mother, she has always belonged to words no to places, she states she does not have a country, nor a specific culture, and ends this paragraphs with the following words: "If I didn't write, if I didn't work with words, I wouldn't feel that I'm present on the earth"[44]. Writing and words are thus attached to her body and her identity. Words are portrayed as a second skin; it is not a chance that all the verbs used by Lahiri to talk about her writing are connected to practical actions, she "works" with words, she "belongs" to them, words made her alive: "Ever since I was a child, I've belonged only to my words. I don't have a country, a specific culture. If I didn't write, if I didn't work with words, I wouldn't feel that I'm present on earth"[45]. The writer feels as if she is 'suspended' between several worlds possessing an impre-cise identity and describing herself through the image of a two-faced Janus:

---

42 *Ibid.*: 15.
43 *Ibid.*
44 Lahiri 2017.
45 *Ibid.*: 86.

I think of a two-faced Janus. Two faces that look at the past and the future at once. The ancient God of the threshold, of beginning and endings. He represents a moment of transition. He watches over gates, over door[46].

Writing in Italian is a real challenge, an ongoing tension in a new phase of her life. If her dominant language is English, the language of her education and novels she nonetheless felt it as part of her linguistic exile in the USA. The apprenticeship into Italian begins with the writing of a diary with the idea of finding a discipline in learning a new language. Surrounded by a "living dictionary" in Rome she realizes that the spoken language is different from the written one, much more arduous to learn. A week after arriving in Italy she starts taking notes in Italian, as if the Italian she hears around her changes her thinking in another language. At the beginning, she writes about personal events while collecting new words and making lists of terms classifying adjectives, verbs, substantives. She is aware that her Italian is poor and that she has to learn a lot. Then suddenly, an entire story in Italian comes to her mind, she hears the sentences in her brain and when she writes it in the computer she realizes that her "life as a writer will no longer be the same"[47]. The writing in Italian is compared to a bridge, "constructed, fragile"[48] that may collapse at any moment. Or it is compared to something at risk, "a leap into the void, an inversion" of herself[49]. The metaphor of the bridge is a powerful one, it is a metaphor that has been used previously for translation and for the translator's work, because bridges are ways to cross, to move into spatiality, and as the author says, as "a new dimension, to get past English, to arrive somewhere else"[50]. It is a linguistic bridge:

every sentence I write in Italian is a small bridge that has to be constructed, then crossed […]. Every sentence, like every bridge, carries me from one place to another. It's an atypical, enticing path. A new rhythm[51].

In order to make the reader understands her path towards Italian the author utilises different fonts in the text in order to highlight some terms, like prepositions, always difficult to learn in another language. She refers to Italian writers she has read like Alberto Moravia, Natalia Ginzburg or Massimo Carlotto that help her to understand how to use these linguistic elements. Lahiri's learning

---

46 *Ibid.*: 38.
47 *Ibid.*: 65.
48 *Ibid.*: 97.
49 *Ibid.*: 101.
50 *Ibid.*
51 *Ibid.*

of Italian is rendered through figurative language concerning some themes such as fatigue, effort, difficulty[52]. She compares herself to a verb tense, the imperfect, because she says, playing with words, that she feels imperfect: "I identify with the imperfect because a sense of imperfection has marked my life"[53]. The sense of imperfection, the feeling of a divided identity, an incomplete disposition is related to a linguistic reason: "the lack of a language to identify with"[54]. However, linguistic imperfection "inspires invention, imagination, creativity. It stimulates. The more I feel imperfect, the more I feel alive" says the writer[55]. In the chapter entitled "The hairy adolescent" Lahiri goes further and describes her experience of translating a piece she has written in Italian into English and says it is a "demanding" process, an experience of alienation, the translation does not sound good, it seems "insipid, dull, incapable of expressing my new thoughts"[56]; she recognizes that her English is richer, "thousands of words, nuances come" to the writer's mind, "compared with Italian, English seems overbearing, domineering, full of itself"[57]. English devours the Italian text, dismantle it. The act of self-translation is compared to a "bloody struggle", something physical and violent. The text in Italian becomes a "newborn", "a little brother", "a creature", "a strong independent kid". The writer/translator feels a "mother of two children"[58], a subject "split in two", "an acrobat between the languages". For the author "translating is the most profound, most intimate way of reading"[59], but self-translation is something different, it hurts, "it seems like a defat, a regression. It seems destructive rather than creative, almost a suicide"[60]. The will not to self-translate herself is evident in the "Author's note" at the beginning of the book where Lahiri explains why Ann Goldstein has translated her work. The fear of transforming the book, to improve it, to make it stronger thanks to the native language pushed her towards this choice. Another translator, one with more experience and with more objectivity was asked to do it so that the book would have remained as it was, with its "rough edges" and its character. Certainly Lahiri's writing in Italian was made also thanks to the editing operation of others in the publishing house,

---

52 Adami 2017.
53 Lahiri 2017: 111.
54 *Ibid.*
55 *Ibid.*: 113.
56 *Ibid.*: 117.
57 *Ibid.*
58 *Ibid.*: 119.
59 *Ibid.*: 121.
60 *Ibid.*

as it happens also to mother tongue writers, but it remains an almost unique example of self-translation into a new language.

5. A Step Further: *Il vestito dei libri/The Clothing of Books*

The exemplification of Lahiri's act of translation and self-translation is visible also in the following work written in Italian, *Il vestito dei libri* published in 2017 by Guanda and the following year by Knopf with the title *The Clothing of Books*. In the *Postface* the author explains the birth of this work made of many passages from one genres to another and from one language to a second one. The book is actually a development of a *lectio* written In Italian for the XIX edition of the writers' festival, "Festival degli scrittori" which has taken place in Florence in 2015, the paper had been edited by one Italian Professor in American Studies and one editor. The Italian text has been translated into English, not by the author herself, but by her husband, Alberto Vourvoulias Bush, and published in a bilingual edition by the Fondazione Santa Maddalena, then both texts have been revised by the author in order to prepare the American edition for Knopf. After that, in order to prepare the Italian edition, Lahiri has worked on the revised English text, added something and as she affirms, "translated herself from the English into Italian" in a backward and forward between the two languages. Here the author decides to opt for a translator who knows her very well, with whom she can discuss the translation without doing it herself.

Octavio Paz's assertion that "each text is unique, yet at the same time it is the translation of another text. No text can be completely original because language itself, in its very essence, is already a translation"[61] seems to be further problematized by the act of Lahiri's self-translation. If translation is the principal means we have of understanding the world we live in, because the world, Paz says, is presented to us as a growing heap of texts, translations of translations, with Lahiri's texts this idea of re-translation and change goes further. The act of writing and translation are strictly interwoven and utilising the paratextual element, Lahiri explains to the reader the birth, the development and the final creation of the text, a text born in two languages at the same time. Lahiri positions herself very clearly as a writer/translator in between two languages/cultures, and not as an author born and bred in both languages. Italian as we have seen, is the result of a passion, of an intellectual love, and English is only a half of her linguistic and cultural background. The mother-tongue, the language of

---

61 Paz 1992: 154.

her mother, Bengali, is totally absent in this discussion about languages used. In this act of self-translation Lahiri reverses the aphorism translator/traitor and takes in her own hands the possibility of text 'manipulation' and change. The "host" language, in this case an 'adopted' language is appropriated, mastered and manipulated, in an act of self-translation from one language to another. In this light, the bilingual text stands as a symbol of the writer's translation by someone else, while the two texts in the two different languages result from her own self-translation and proposes a space for a new linguistic creativity.

This process of translation, re-adaptation and editing of the two texts (in both languages) is made for a text dealing with book covers, that is, part of the reframing of a text (and of an author) for other audiences. The analysis of her own book covers reveals Lahiri's attention to the presentation of her books (and of herself) to the world and unveils once again the strict relation between writing, identity and the work behind the choice of words and images. The metaphors are the ones recurrent in Lahiri's work, such as maternity – retraceable at the very beginning with the *exergo* taken from Walt Whitman – and clothes, considered as a second skin, as a masquerade of the self. It is not a chance that the beginning of the book deals with uniforms in Calcutta.

6. Where Am I? Jhumpa Lahiri's *Dove mi trovo*

The last literary effort in Italian is a novel, *Dove mi trovo*, published in 2018 by Guanda. It is made of 46 short chapters, each title refers either to a place (a road, a restaurant, an office and many others) or a period (summer, winter, sunrise and others) which become the 'container' for the protagonist's storytelling. The town the protagonist inhabits becomes the background of her stories, mainly autobiographical, portraying her life events and relationships. Days are detailed through a depiction of her movements from one place to another in a non-linear narration, the story is told by the protagonist who swaps from one topic to another inserting memories and flash-backs about people she has met in different periods of her life. The red thread which unites the story is given by the titles through which the reader understands her movements and changes. However, the fluidity of the story is interrupted by this division because the story is not about people or places but about the feeling if displacement of the protagonist who mirrors the author herself.

The metaphor of the journey, of movements in spatiality is at the centre of the story, it is the kernel of the plot. At the very end the protagonist convinces the reader that places are not important, not the setting because in life we are all always moving from one place to another, continuously. In the same paragraph, at the end of chapter 45, Lahiri inserts some words in italics which refer to a feeling of disorientation, uncertainty: "disorientata" (disoriented), "persa" (lost), "sbalestrata" (messed up), "sballata" (feeling high), "sbandata" (isolated), "scombussolata" (upset), "smarrita" (bewildered), "spaesata" (confused), "stranita" (dazed). All these words (my translation in English) portray for the protagonist her own home, her place, "la dimora". These words are united to the vision of a woman which seems the protagonist's double, but who, unlike the narrator, will remain physically in the same place, a place the protagonist will take with her in her journey towards somewhere else. Once again Lahiri utilizes the theme of the double in order to portray a part of herself, the part which does not move but remains still in a place. As for the character of the translator in the previous volume, the protagonist here feels doubled in two, she sees another woman who mirrors her second self. As Baccolini and Illuminati outline, Lahiri plays with the idea of being two people simultaneously[62].

If the protagonist is anonymous, so is the place (we know it is Rome because the author said this in an interview on the website <mangialibri.com> – in the text it is not blatant). The town acquires a metamorphic value, is described by the narrator through her own point of view and emotions; the plot is in fact made of her reflection on her life, the places she inhabits, the people crossed in her existence. If the protagonist has no name, all the characters are depicted partially, their appearance or life is not detailed, they appear only in function of the protagonist's events.

In an interview at the "Festival di Letteratura" in Mantua (available at: <letteratura.rai.it>) Lahiri affirms that her narrator identifies totally with spatiality, dialogues with her solitude and is like a "shadow" in transformation. Clearly a shadow eludes, escapes, and this is what the protagonist actually does in the story. Moreover, talking about the style of the book, Lahiri asserts that her writing in Italian is more essential, rugged, uneven; writing in Italian makes her able to take out all the superfluous, to write in a smooth language, a language where terms are used differently because she is not a native speaker, a language that enables her to create a different tonality.

7. Concluding Remarks

Lahiri's 'other words' (or words of another self) well outline her process of translation, linguistic contamination and creative rebirth as a writer. A perfect

---

62 Baccolini, Illuminati 2018.

example of the contemporary condition of global mobility and cultural exchange of the last decades which has produced a growing corpus of narratives of migration, Lahiri with her work in English and in Italian embodies the figure of a writer/translator/self-translator juggling between languages and cultures, fluctuating among divided selves, multiple voices and identities which as, she says, can 'illuminate' the world.

Bibliography

Abouleila, L. (1999), *The Translator*, Edinburgh: Polygon.

Adami, E. (2017), Identity, Split-Self and Translingual Narrative in Jhumpa Lahiri, *Cosmos Comparative Studies in Modernism* 11, 85–95.

Anselmi, S. (2012), *On Self-Translation: an Exploration in Self-Translators' Teloi and Strategies*, Milano: LED.

Appadurai, A. (1996), *Modernity at Large: Cultural Dimension of Globalization*, Minneapolis: University of Minnesota Press.

Baccolini, R., Illuminati, V. (2018), Visibilità, co-creazione, identità: l'incontro fecondo tra prospettive di genere e traduzione. In: E. Di Giovanni, S. Zanotti (eds.). *Donne in traduzione*. Milano: Bompiani, 521–556.

Baena, R. (2007), *Transculturing Auto/Biography. Forms of Life Writing*, London: Routledge.

Bassnett, S., Bush, P. (eds.) (2006), *The Translator as Writer*, London: Continuum.

Bassnett, S. (2013), The Self-Translator as Rewriter. In: A. Cordingley (ed.). *Self-Translation: Brokering Originality in Hybrid Culture*. London: Bloomsbury, 13–26.

Bhabha, H. (1994), *The Location of Culture*, London: Routledge.

Brada, W. N. (2004), Reading Jhumpa Lahiri's Interpreter of Maladies as a Short Story Cycle, *Melus* 29/3–4, 451–464.

Brians, P. (2003), *Modern Asian Literature in English*, Santa Barbara: Greenwood.

Brooke-Rose, C. (1968), *Between*, Shedfield: M. Joseph.

Canagarajah, S. (2013), *Translingual Practice. Global Englishes and Cosmopolitan Relations*, London: Routledge.

Cartago, G., Ferrari, J. (eds.) (2018), *Momenti di storia dell'autotraduzione*, Milano: LED.

Castillo, G., Soledad, G. (2006), *La (auto)traduccion come mediacion entre culturas*, Alcalà de Henares: Universidad de Alcalà de Henares.

Castro, O. *et al.* (eds.) (2017), *Self-Translationand Power: Negotiating Identities in European Multilingual Contexts*, London: Palgrave.

Ceccherelli, A., Imposti, G. E., Perotto, M. (eds.) (2013), *Autotraduzione e riscrittura*, Bologna: Bononia University Press.

Cocco, S. (2009), Lost in (Self) Translation? Riflessioni sull'autotraduzione, *Lost in Translation. Testi e culture allo specchio. Annali della facoltà di Lingue e Letterature Straniere dell'Università di Sassari* 6, 143–156.

Cordingley, A. (2013), *Self-Translation. Brokering Originality in Hybrid Culture*, London: Bloomsbury.

Crowley, J. (2002), *The Translator*, New York: Perennial.

Desideri, P. (2012), L'operazione autotraduttiva ovvero la seduzione della lingua allo specchio. In: M. Rubio Arquez, N. D'Antonio (eds.). *Autotraduzione. Teoria ed esempi fra Italia a e Spagna*. Milano: LED, 11–33.

de Courtivron, I. (2003), *Lives in Translation. Bilingual Writers on Identity and Creativity*, Basingstoke: Palgrave.

Eco, U. (2013), Come se si scrivessero due libri diversi. In: A. Ceccherelli, G. E. Imposti, M. Perotto (eds.). *Autotraduzione e riscrittura*. Bologna: Bononia University Press, 25–31.

Ehrlich, S. (2009), Are Self-Translators Like Other Translators?, *Perspectives Studies in Translatology* 14/ 4, 243–255.

Falceri, G. *et al.* (2017), Narrating the Self in Self-Translation, *Ticontre. Teoria Testo Traduzione*. Available at: http://www.ticontre.org/ojs/index.php/t3/article/view/193/144 [accessed 30 Dec 2018].

Farnsworth, E., Pulitzer Prize Winner Fiction. Available at: http://www.pbs.org/newshour/gergen/jan-june00/lahiri4-12.html [accessed 30 May 2005].

Federici, E. (2006), Remembering the Mother-tongue in Another Language: Post-colonial Translation Studies. In: O. Palusci (ed.). *Postcolonial Studies Changing Perspectives*. Trento: Università di Trento, 223–238.

Federici, E. (2007), The Translator's Intertextual Baggage. In: S. Bassnett (ed.), *Influence and Intertextuality*, special issue of *Forum for Modern Language Studies* 43/ 2, 147–160.

Federici, E., Fortunati, V. (2017), Displacement and Translation of Migrant Contemporary Women Writers in Italy, *Civiltà del Mediterraneo* 28, 67–97.

Ferraro, A. (ed.) (2011), L'autotraduzione nelle letterature migranti, *Oltreoceano* 5.

Ferraro, A., Grutman, R. (eds.) (2016), *L'Autotraduction littéraire: perspectives théoriques*, Paris: Garnier.

Gentes, E. (2019), Bibliography: Autotraduzione/autotraduction/Self-Translation (35th update Jan 2019). Available at: https://self-translation.blogspot.com [accessed 31 Jan 2019].

Grutman, R. (1998), Auto-Translation. In: M. Baker (ed.). *Routledge Encyclopedia of Translation Studies*. London-New York: Routledge, 17–20.

Grutman, R. (2009), Self-Translation. In: M. Baker, G. Saldanha (eds.). *Routledge Encyclopedia of Translation Studies*. London-New York: Routledge, 257–260.

Hoffman, E. (1989), *Lost in Translation: A Life in a New Language*, New York: E. P. Dutton.

Hokenson, J. W., Munson, M. (2007), *The Bilingual Text. History and Theory of Literary Self-Translation*, Manchester: St. Jerome.

Kellmann, S. (ed.) (2000), *The Translingual Imagination*, Lincoln: University of Nebraska Press.

Kellman, S. (ed.) (2004), *Switching Languages Translingual Writers Reflect on their Craft*, Lincoln: University of Nebraska Press.

Lahiri, J. (1999), *Interpreter of Maladies*, London: Flamingo.

Lahiri, J. (2000), *The Namesake*, Boston: Houghton Mifflin.

Lahiri, J. (2002), Intimate Alienation: Immigrant Fiction and Translation. In: R. Bhaya Nair (ed.). *Translation, Text and Theory*. New Delhi: Sage.

Lahiri, J. (2008), *Unaccostumed Earth*, Toronto: Knopf.

Lahiri, J. (2012), *The Lowland*, Toronto: Knopf.

Lahiri, J. (2015), *In altre parole*, Parma: Guanda.

Lahiri, J. (2017), *In Other Words*, New York, Penguin

Lahiri, J. (2016), *The Clothing of Books*, New York, Vintage

Lahiri, J. (2017), *Il vestito dei libri*, Roma, Guanda.

Lahiri, J. (2018a), *Dove mi trovo*, Parma: Guanda.

Lahiri, J. (2018b), Intervista a Jhumpa Lahiri, *Mangialibri*. Available at: www.mangialibri.com [accessed December 2018].

Lesser, W. (ed.) (2004), *The Genius of Language: Fifteen Writers Reflect on their Mother Tongue*, New York: Anchor Books.

Lionnet, F., Shu-mei, S. (2005), Introduction. In: F. Lionnet, S. Shu-mei (eds.). *Minor Transnationalism*. Durham-London: Duke University Press, 1–26.

Lutzoni, S. (2017), Jhumpa Lahiri and the Grammar of a Multi-Layered Identity, *Journal of Intercultural Studies* 38/ 1, 108–118.

Mathur, O. P. (2002), Meaningful Whispers: the Short Stories of Jhumpa Lahiri. In: S. Bala (ed.). *Jhumpa Lahiri: The Master Storyteller A Critical Response to Interpreter of Maladies*. New Delhi: Khosia Publishing House.

Monti, A. (2002), Acts of Migration and the Despondency of the Lonely Traveller: Reading across Interpreter of Maladies. In: S. Bala (ed.). *Jhumpa Lahiri the Master Storyteller. A Critical Response to Interpreter of Maladies.* New Delhi: Khosia Publishing House.

Nannavecchia, T. (2014), Italian Meta-Reflections on Self-Translation: an Overview of the Debate, *Traducao em Revista* 16, 95–109.

Niranjana, T. (1992), *Re-Siting Translation: History, Post-Structuralism and the Colonial Context*, Berkeley: University of California Press.

Patel, V. (2005), Maladies of Belonging: an Interview with Jhumpa Lahiri, *Newsweek International.* Available at: https://www.newsweek.com/maladies-belonging-166262

Paz, O. (1992), Translations of Literature and Letters. In: R. Schulte, J. Biguenet (eds.). *Theories of Translation from Dryden to Derrida.* Chicago: University of Chicago Press.

Roberts, M. (1998), *On Food, Sex and God: on Inspiration and Writing*, London: Virago.

Robinson, D. (1997), *Translation and Empire: Postcolonial Theories Explained*, Manchester: St. Jerome.

Rushdie, S. (1991), *Imaginary Homelands*, London: Penguin.

Seyhan, A. (2000), *Writing Outside the Nation*, Princeton: Princeton University Press.

Spivak, G. C. (1992), The Politics of Translation. In: M. Barrett, A. Phillips (eds.). *Destabilizing Theory. Contemporary Feminist Debates.* Cambridge: Polity Press, 177–200.

Starnone, D. (2017), *Ties*, Translation and Introduction by J. Lahiri, New York: Europa Editions.

Starnone, D. (2018), *Trick*, Translation and Introduction by J. Lahiri, New York: Europa Editions.

Trivedi, H. (2005), Translating Culture vs. Cultural Translation. Available at: http://www.91stmeridian.org [accessed 20 June 2015].

Wilson, R. (2011), Transplanted Subjects: Self-Translation Processes in Translingual Narratives. In: A. Ferraro (ed.). *L'autotraduzione nelle letterature migranti.* Oltreoceano 5, 123–139.

Alessandro Gaudio

Università della Calabria

La funzione dell'intraducibilità. Alcune note sul problema della traduzione come entità terza e una proposta

Abstract There is a point in which, during the studies on translation, the notion of untranslatability touches the connotative aspect of the discourse, be it a constituent element of the language of a community, a class or a social force. This point, at its base, is the fruit of the antinomy between genius and communication and coincides with the hybrid character of each text, with that hypothesis of complexity (made at least of contextualization, of the translation processes of the one who translates and of the translation poetics) of which a modern translation theory must necessarily take on. Between zero, the untranslatability, and one, the linguistic and cultural community specificity, there is this third entity of which I outline the essential peculiarities. I do it, passing in a quick review some of the ideas on the concomitance of untranslatability and poetic creation within the reflection on the translation of some great Italian writers, starting from Dante to the present day.

Keywords: *Untranslatability; Transfert; Poetry; Literary Translation; Translation Theory*

C'è un punto nel quale, nel corso della riflessione sulla traduzione, la nozione di intraducibilità, passando per quelle di genio, di ricreazione (nonché di ritraduzione e rifacimento) e di poesia, arriva a toccare l'aspetto connotativo del discorso, sia esso elemento costitutivo della lingua di una comunità, di una classe o di una forza sociale[1]. Questo punto – frutto, alla sua base, dell'antinomia tra genio (che è nozione afferente in prevalenza alla sfera metafisica) e comunicazione (termine, invece, più storicizzabile) – coincide con il carattere ibrido di ogni testo, con quell'ipotesi di complessità (fatta almeno di contestualizzazione, dei processi traduttivi di chi traduce e delle poetiche traduttive) di cui una moderna teoria della traduzione deve necessariamente farsi carico. Tra zero, l'intraducibilità, e uno,

---

1 L'aggettivo *intraducibile* fu usato per la prima volta nel 1703 all'interno delle *Considerazioni sopra un famoso libro franzese* redatte dal patrizio bolognese Giovan Gioseffo Felice Orsi. Le *Considerazioni* replicavano alle accuse di retoricismo e baroccismo espresse nei confronti della letteratura italiana dal gesuita francese Dominique Bouhours nella *Manière de bien penser dans les ouvrages d'esprit*. Cfr. Orsi 1703.

la specificità linguistica e culturale comunitaria, c'è questa *entità terza* di cui mi appresto a delineare le peculiarità essenziali. Lo farò, passando in rapida rassegna alcune delle idee sulla concomitanza di intraducibilità, *glorioso privilegio* secondo Genette[2], e creazione poetica[3], in seno alla riflessione sulla traduzione di alcuni grandi scrittori italiani, a partire da Dante sino ai giorni nostri. Cercherò, parallelamente, di desumere la proposta teorica che scaturisce da questo mio *excursus*.

L'elemento di sintesi, conviene precisarlo prima di procedere, mi viene suggerito dal termine *transfert*; da esso la traduzione mutua quel carattere di ripetizione del testo di partenza, vissuta, però, con un forte senso di attualità, di effabilità, direbbe Franco Fortini. è il terreno, quello della traduzione così intesa, in cui si svolge l'analisi che include tanto la sua impostazione quanto la sua risoluzione: se si vuole, lo spazio in cui vengono vissute, nel presente, le problematiche sollevate dal testo originario. La traduzione, dunque, è una sorta di *riedizione*, ma soprattutto è una forma di *resistenza* che segnala un conflitto e che necessariamente implica una deformazione nel testo di arrivo[4]. Essa agisce nel campo dell'inganno possibile in quanto è una funzione dell'impossibilità su cui si fonda una certezza. Insomma, è funzione dell'*intraducibilità*, ovvero del luogo virtuale della verità. Tale funzione attiene alla relazione che lega due o più entità linguistiche variabili, in modo che ai valori di senso assegnati a una di esse corrispondano determinati elementi dell'altra. è poi chiaro che la funzione in questione, in quanto possibilità della traduzione, *transfert* si è detto per l'appunto, ne fissa il limite. Non sarà che è proprio nel suo margine di intraducibilità (bordo di Babele, del silenzio, dell'abisso) che risiede il *potere ermeneutico* della traduzione? Per disporre della facoltà di attingere a tale funzione bisogna considerare l'identità di ciascuna parola e ancorare il linguaggio alla realtà sociale e al contesto culturale da cui ha origine, considerando il legame strettissimo che c'è tra lingua e cultura. Ma ciò non basta. Qui prendo spunto dalle riflessioni che, in tal senso, produsse Antonio Gramsci[5], allorché spostò gran parte della

---

2 Genette 1982: 248.

3 È noto il modo, per così dire dialettico, in cui Roman Jakobson ha espresso la possibile coesistenza tra l'intraducibilità, a causa del suo elevato tenore semantico, della scrittura poetica e la possibilità di una trasposizione creatrice tra lingue o sistemi di segni. Cfr. Jakobson 1959.

4 Similmente Paul Ricœur impiega il termine *resistenza* per esprimere il rifiuto della prova dello straniero da parte della lingua di accoglienza; cfr. Ricœur, *Il paradigma della traduzione* (1999), in Ricœur 2004b: 51.

5 Le riflessioni maggiormente significative sul compito del traduttore sono incluse per lo più all'interno di una lettera di Gramsci a Giulia, sua moglie, del 5 settembre 1932. Cfr. Gramsci 1996: 613–614.

capacità di decidere riguardo alla bontà di una traduzione sulla forza culturale della società di arrivo, superando, di fatto, i termini del dibattito sulla traduzione che ha sempre visto contrapposti i fautori della *naturalizzazione* linguistica, da un lato, e quelli dell'*alienazione*, dall'altro. Per saper tradurre, e mi sembra che sia questo l'elemento di novità introdotto da Gramsci, è necessario comprendere somiglianze e differenze dei mondi e, in alcuni casi, dei tempi a confronto, sforzandosi di trovare «somiglianze anche dove esse pure non esistano» e «differenze anche dove pare che ci siano solo somiglianze»[6]. Gramsci, insomma, tiene conto delle culture e delle caratteristiche strutturali delle società poste a confronto, oltre che delle lingue, e fa sporgere il traduttore sopra uno spazio irriducibile, *potenziale*, che, però, è sociale e storico, non assoluto, né metafisico: bisogna, in sostanza, «far conoscere l'una all'altra servendosi del linguaggio storicamente determinato di quella civiltà alla quale fornisce il materiale d'informazione»[7]. Mi piace iniziare la mia rassegna con le parole di chi ha espresso la doppia azione di tradurre e tradire il testo di partenza con grande anticipo rispetto alla svolta prodottasi in tal senso, tra i traduttologi, durante gli anni Ottanta del Novecento. Lo ha fatto, puntando l'attenzione sulle sfumature e sul gusto caratteristici di una lingua, ricca e complessa come quella italiana, che «può tradurre qualsiasi altra lingua»[8]. Sebbene talvolta Gramsci sembri quasi negare tale possibilità, egli finisce per propendere, tutto sommato in maniera risoluta, per la traducibilità tra lingue naturali, a patto che esse, come già accennato, insistano su basi sociali simili tra di loro. L'atto di tradurre, pur ponendosi come elemento di sintesi, non è, dunque, mai neutro. è fruttuoso anche precisare come l'elemento sociale e, in fin dei conti, *politico* della pratica traduttiva, viene fatto entrare in gioco dall'aspetto connotativo del discorso, nascosto dietro quello denotativo. Come si vedrà, anche nelle riflessioni di altri intellettuali, tale disposizione è intimamente legata ai limiti della traduzione, ovvero alla funzione dell'intraducibilità.

In Italia, in tantissimi hanno dissertato dei limiti della traduzione e spesso a farlo sono stati gli stessi scrittori. Proprio nelle parole di alcuni tra questi l'intraducibilità ha trovato la strada che – attraverso la perdita, l'estraneità, l'incompiutezza, la confusione, il mistero – la conducesse fino alla reinvenzione, alla poesia, al genio. Proviamo a ripercorrere sommariamente alcune tappe, di certo non

---

6 Gramsci 1977: quaderno 7, § 81, 914. Cfr. anche i lemmi *traducibilità* e *traduzione* redatti da Derek Boothman, in Liguori, Voza 2009, rispettivamente 855–857 e 857–860. Su Gramsci traduttore si veda anche Borghese 1981 e Cospito, G., *Introduzione*, in Gramsci 2007, 11–40; in particolare 28–40.

7 Gramsci 1996: 614.

8 Gramsci 1977: quaderno 11, § 12, 1377.

le meno significative, di questo percorso plurisecolare. Com'è noto, già, Dante Alighieri, nel *Convivio*, aveva colto le difficoltà di *transmutare* una loquela in un'altra diversa dalla propria «senza rompere tutta sua dolcezza e armonia»[9]. Nonostante fosse egli stesso un traduttore instancabile di classici greci e latini, la poesia – secondo la teoria della *translatio* concisamente approntata dal sommo poeta[10] – sarebbe, di fatto, intraducibile, soprattutto se ci si riferisce al suo valore propriamente *poetico*, più che all'aspetto superficiale della lettera. Dante, seppur consapevole della sconfitta finale, deciderà più e più volte di lottare contro quella sentenza emessa nel *Convivio*, ponendo la traduzione come nutrice delle nascenti tradizioni letterarie – come rielaborazione, rinnovamento dell'originale scintilla che genera poesia in proprio – e intraprendendo una lotta serrata contro l'intraducibilità[11].

Sarà, poi, Giacomo Leopardi, restando nell'ambito della riflessione italiana, a esprimere nello *Zibaldone* – con maggiore compiutezza rispetto a chi lo ha preceduto, ma cogliendo con grande sensibilità le suggestioni fornite dalla *translatio* dantesca – la funzione del traduttore, in un rispetto che va ben oltre l'attenzione medievale per la resa precisa della microstruttura lessicale e della macrostruttura tonale. Secondo Leopardi, il traduttore, alla stessa stregua del poeta, deve imitare, non contraffare, rispettando la *diversità culturale* del testo di partenza. Ciononondimeno, il traduttore è un *ricreatore* che cerca la somiglianza possibile, per quanto Leopardi resti convinto che lo stile non sia traducibile: esso, infatti, è direttamente connesso al *genio* di una lingua (e le lingue moderne, anche quelle egemoni, avrebbero perso questo genio), a quella sua espressività che è frutto di una storia peculiare e irripetibile. La pluralità di una lingua è intraducibile ed è per questo che la traduzione, per il poeta recanatese, essendo teoricamente impossibile e realisticamente inutile (data l'«assoluta impossibilità, e

---

9 «E questa è la cagione – prosegue Dante – per che Omero non si mutò di greco in latino, come l'altre scritture che avemo da loro. E questa è la cagione per che li versi del Salterio sono senza dolcezza di musica e d'armonia; ché essi furono transmutati d'ebreo in greco e di greco in latino, e ne la prima transmutazione tutta quella dolcezza venne meno», Alighieri 1307: I, VII, 14–15. Il *transmutare* dantesco rinvia sia all'esemplarità dei modelli filosofico-letterari della classicità greco-latina, sia agli scritti della tradizione cristiana. Sull'argomento si vedano almeno Groppi 1962, Chiamenti 1995, l'importantissimo Folena 1991 e il recentissimo Salerno 2017.

10 Di *traducere* si inizierà a parlare soltanto nel Quattrocento con il Leonardo Bruni del *De interpretatione recta*.

11 Su queste stesse posizioni anche Landa 2015. Si veda anche Risset 2007.

contradizione ne' termini, dell'esistenza di una traduzione perfetta»)[12], è concepibile, anche all'altezza della prima versione della *Batracomiomachia*, solo in termini di imitazione:

> Tradussi non letteralmente [...] ma pur tradussi, e fui ben lontano dal fare un nuovo poema [...]. Cercai d'investirmi dei pensieri del poeta greco, di rendermeli propri, e di dar così una traduzione che avesse qualche aspetto di opera originale, e non obbligasse il lettore a ricordarsi ad ogni passo che il poema, che leggeva, era stato scritto in greco molti secoli prima. Volli che le espressioni del mio autore, prima di passare dall'originale nelle mie carte, si fermassero alquanto nella mia mente, e conservando tutto il sapor greco ricevessero l'andamento italiano, e fossero in versi non duri e in rime che potessero sembrare spontanee[13].

E che cos'è l'imitazione se non un vero e proprio atto ermeneutico che si svolge su un terreno storico? Allo stesso modo della poesia, la traduzione, quando è ben consapevole e rispettosa tanto di ciò che imita quanto del mezzo col quale imita, non si contiene mai entro i confini di una semplice registrazione esteriore e passiva della natura. La traduzione, che non è fedele quando riproduce solo il significato, consiste nell'essere altro rimanendo se stessa[14].

La triangolazione tra intraducibilità, poesia e ricreazione è la medesima che traccerà Benedetto Croce in un intervento del 1936 e negli scritti che dedicherà successivamente all'argomento: «L'impossibilità della traduzione è la realtà stessa della poesia nella sua creazione e nella sua ricreazione»[15]; è con queste parole che Croce riassume la questione dell'intraducibilità della poesia, quell'impossibile – eppure fecondo e quasi cosmico – «poetare di un'antica in una nuova anima» che permette di condurre il traduttore nel sentimento del poeta tradotto, fino ad approssimarsi alla sua personalità artistica, immedesimandosi con essa[16]. Precedentemente, nel 1902, il filosofo idealista aveva, però, decretato senza mezzi termini «l'impossibilità delle traduzioni, in quanto abbiano la pretesa di compiere il travasamento di un'espressione in un'altra»[17]. Passando per «le impressioni personali di colui che si chiama traduttore»[18] o si perviene a una versione

---

12 Leopardi 1997: 3954 (7 dicembre 1823).
13 Leopardi 1817: 140–141.
14 Sulla traduzione nel pensiero di Leopardi si considerino almeno Pellegrini 1978, Nacci 1999 ma, soprattutto, Dolfi, Mitescu 1990.
15 Croce 1936: 215. Sulla medesima linea concettuale si vedano anche Croce 1939 e Croce 1941.
16 *Ibid.*: 218.
17 Croce 1902: 208.
18 *Ibid.*

sminuita e guastata del testo di partenza o si crea una nuova espressione, dai contenuti diversi rispetto alla prima. Esiste, in verità, una terza possibilità che, secondo Croce, è costituita dalle «traduzioni inestetiche, come quelle letterali e parafrastiche», che non sono altro che «semplici commenti degli originali»[19]. Ad ogni modo, risulta evidente come, da una condizione di impossibilità pressoché assoluta, traspaia via via nella riflessione crociana, una sorprendente possibilità che, quasi per straniamento (lo si tenga a mente), consente al traduttore di accostarsi al nucleo dell'atto creativo[20].

A ciascuno è noto quanto questa sovrapposizione tra l'impossibilità della traduzione e la sua necessità sia stata vissuta in maniera drammatica all'interno del lager nazista, luogo in cui, lo ricorda Primo Levi ne *I sommersi e i salvati*, il nerbo di gomma era conosciuto come *der Dolmetscher*, ovvero «l'interprete: quello che si faceva capire da tutti»[21]. Come si racconta esemplarmente nella *Tregua*, che esce nell'aprile del 1963, ma secondo un assetto evidente anche in *Se questo è un uomo*, la salvezza di chi è stato deportato si gioca interamente su una sorta di «disagio dell'indecifrabilità»[22], segnato dall'impossibilità di dire, dal bisogno vitale di comunicare, persino dalla capacità, talvolta paradossalmente salvifica, di rendersi *incomprensibili* agli occhi e alle orecchie degli aguzzini e, in ultimo, dal fare i conti quotidianamente con una siffatta incomprensibilità. è raro, sosterrà poi Levi in *Tradurre ed essere tradotti*, che le aree dei rispettivi significati coincidano «anche fra lingue strutturalmente vicine e storicamente imparentate fra loro»[23]. Pur prendendo atto della perdita inevitabile insita in ogni traduzione (che è, in ogni caso, «opera di civiltà e di pace»), allo stesso modo Levi ammetterà come il traduttore sia «il solo che legga veramente un testo [...] pensando e apprezzando ogni parola e ogni immagine, o magari scoprendone i vuoti e i falsi»[24]. Come si vedrà, non resterà l'unico ad aver maturato la convinzione che l'opera («sovrumana»)[25] del traduttore sia, in fondo, assimilabile a quella dell'autore. Ed è per questo che, per Levi, la scelta meticolosa dei termini da impiegare e lo scrupolo filologico devono rispondere a una fedeltà all'originale «non solo lessicale ma intima»[26].

19 *Ibid.*
20 Si veda, a tal proposito, Albanese 2011.
21 Levi 1986: 71.
22 Traggo questa feconda espressione da Di Rosa 2004: 3.
23 Levi, P., *Tradurre ed essere tradotti*, in Levi 1985: 110.
24 *Ibid.*: 113.
25 *Ibid.*
26 Levi 1986: 139.

Che la traduzione comporti una inesorabile perdita è sicuro anche per Franco Fortini, allorché si troverà a commentare le sue versioni dall'opera di Brecht, da lui incontrata sin dal 1950: pur ammettendo la *traducibilità intenzionale* del grande autore tedesco, egli confesserà come ci sia «una brechtità intraducibile, un sapor di cemento, un ghigno e una tenerezza che, col mio povero tedesco, capisco a malapena»[27]. Su questa intensa esperienza di traduzione, che comporta una certa perdita di aura nel passaggio dal testo di partenza a quello d'arrivo, Fortini si era pronunciato anche in *Traducendo Brecht*, lirica inclusa nella prima delle due sezioni omonime di *Una volta per sempre*, raccolta del '63: «[…]/Fissavo versi di cemento e di vetro/dov'erano grida e piaghe murate e membra/ anche di me, cui sopravvivo. Con cautela, guardando/ora i tegoli battagliati ora la pagina secca,/ascoltavo morire/la parola d'un poeta o mutarsi/in altra, non per noi più, voce. […]»[28]. La traduzione – come la poesia – è una prova difficile e priva di sicurezze, ma che Fortini sente subito come profondamente necessaria. Convincimento che si desume anche dalla bella *Premessa* alla raccolta di traduzioni intitolata *Il ladro di ciliege e altre versioni di poesia*, uscita nel 1982: «le versioni di poesia che qui seguono si augurano di non differire dagli altri versi miei»[29]. Dichiarazione lampante alla quale Fortini fa seguire una precisazione, altrettanto significativa, che chiarisce quanto sia stretto il legame tra l'operazione del tradurre, che non ha alcuna considerazione di una presunta intraducibilità, e la pratica poetica: «soprattutto per quanto riguarda i cosiddetti classici, milito per traduzioni quanto è possibile «scientifiche» e non soggettive, da condurre con criteri verificabili, espliciti e sistematici; mentre le versioni che qui pubblico sono scritture mie, costruite secondo tutt'altro metodo o, meglio, con metodo nessuno»[30]. Legame serrato e ben visibile sin dalle *traduzioni immaginarie*, considerate alla stregua di un vero e proprio «luogo di muta»[31] da Fortini visitato più volte, già in giovinezza. Dunque, la traduzione è, sì, perdita ma è anche *straniamento*, nella misura in cui apporta materiali innovativi che aiutano a uscire dalla ripetizione. Traduzione come ispirazione, certamente, ma altresì «operazione critica e interpretazione»[32]. Ciò che Fortini sintetizza con grande acribia è che la

---

27 Fortini, F., *Brecht* (1978), in Fortini 2003a: 226–227.

28 Fortini, F., *Traducendo Brecht*, in Fortini 2014: 238.

29 Fortini, F., *Premessa*, in Fortini 2014: 739.

30 *Ibid.*: 740. A questo riguardo, Fortini riprende alcuni assunti teorici precisati, dodici anni prima, nei criteri di edizione del *Faust* di Goethe; cfr. Goethe 1970.

31 Fortini 2014: 737.

32 Fortini, F. (1985–86), *La traduzione come straniamento*, in Fortini 2003a: 408. Che sul piano semiotico il fare interpretativo del testo *ab quo* dovesse anticipare il momento

perdita insita in qualsiasi traduzione implicherebbe (o, meglio, sussumerebbe), avendo essa una funzione prettamente vicaria, un'operazione interpretativa e critica in grado comunque di integrare sul piano culturale quella torsione imposta dalle manovre di ripetizione e di parafrasi di un testo[33]. Integrazione che Fortini – all'interno di una poesia inclusa in *Paesaggio con serpente*, intitolata *A un traduttore* – auspica che si uniformi a criteri di consapevolezza e di sottile cautela:

> Non il vento ma la pioggia. Queste
> non volano foglie, fanno suolo.
> Vedi vene ostinate, ori mesti.
> Smuovile cauto, francese. Parla per loro[34].

Anche Italo Calvino affronterà il problema della traduzione principiando dal carattere essenzialmente intraducibile della letteratura. Lo farà compiutamente nel suo scritto intitolato *Sul tradurre*, pubblicato originariamente su «Paragone Letteratura» nel dicembre del 1963, invocando per il traduttore delle solide doti morali, oltre a un talento specifico[35]. Tornerà sulla questione, completando la sua proposta, a distanza di quasi vent'anni, nel corso di un convegno sulla traduzione tenutosi a Roma il 4 giugno del 1982; l'intervento di Calvino, intitolato *Tradurre è il vero modo di leggere un testo*, verrà poi pubblicato nel 1985. Per quanto sia a tutti noto che la poesia sia intraducibile per definizione – premette Calvino – «la vera letteratura, anche quella in prosa, lavora proprio sul margine intraducibile di ogni lingua»[36]. Tradurre l'intraducibile è, di fatto, il modo in cui il traduttore

---

produttivo (*ad quem*) della traduzione è cosa acclarata anche per Eco; cfr. Eco 2003: 244–249. Si veda, inoltre, Greimas, Courtés 1979: 365.

33 Sulla questione si vedano anche due testi fortiniani del 1972, *Traduzione e rifacimento* e *Cinque paragrafi sul tradurre*, scritti poco dopo aver congedato la versione del *Faust* goethiano ed entrambi inclusi in Fortini 1974: rispettivamente 332–350 e 351–356, e, poi, in Fortini 2003b: 827–838 e 842–843; successivamente, aggiornati, i saggi sono confluiti in Fortini 2011.

34 Fortini 2014: 396.

35 Cfr. Calvino, I. (1963), *Sul tradurre*, ora in Calvino 1995: t. II, 1782; sul rapporto che intercorre tra creazione letteraria e traduzione Calvino spiegherà poi come «Una volta gli scrittori traducevano, specie i giovani. Oggi pare abbiano tutti altro da fare. [...] Il senso dello stile diventa più raro. Potremmo dire che il minor impegno degli scrittori giovani verso la parola e le più rare vocazioni di traduttore sono facce dello stesso fenomeno» (*ibid.*: 1779).

36 Calvino, I. (1985), *Tradurre è il vero modo di leggere un testo*, in Calvino 1995: 1826–1827. Si veda anche Calvino, I. (1980), *Furti ad arte (conversazione con Tullio Pericoli)*, in Calvino 1995: t. II, 1801–1815. Gli interventi di Calvino dedicati alla traduzione,

letterario mette in gioco tutto se stesso: si tratta esattamente della disposizione che, nel 1967, mosse Calvino a tradurre *Les fleurs bleues* di Raymond Queneau, chiarita esemplarmente in questo passaggio tratto dalla *Nota del traduttore*:

> Appena presi a leggere il romanzo, pensai subito: <È intraducibile!> e il piacere continuo della lettura non poteva separarsi della preoccupazione editoriale, di prevedere cosa avrebbe reso questo testo in una traduzione dove non solo i giochi di parole sarebbero stati necessariamente elusi o appiattiti e il tessuto di intenzioni allusioni ammicchi si sarebbe infeltrito, ma anche il piglio ora scoppiettante ora svagato si sarebbe intorpidito[37].

Mai come in questa occasione *giocare*, in sintonia col tono dell'autore del testo di partenza o ponendosi in contrappunto con esso, non è altro che colmare con la propria cultura una distanza che, su un piano meramente linguistico, resta comunque incolmabile. Ancora una volta tradurre significa *ricreare*, toccare l'intoccabile andando oltre la letteralità del testo, dove si trova ciò che va al di là della comunicazione, ovvero laddove il non traducibile viene sostituito dalla possibilità del tradurre[38]. Tale possibilità per Calvino comporta, in ogni caso, la necessità di misurarsi con l'originale servendosi delle armi della leggerezza e della disinvoltura, ma senza rinunciare alla precisione lessicale e sintattica.

---

eccezion fatta per le riflessioni inserite in alcune corrispondenze, sono oggi per lo più raccolti in *Mondo scritto e mondo non scritto*, volume del 2002. Si tenga, poi, presente il ruolo del traduttore-falsario Ermes Marana e, in generale, il modo in cui viene affrontato il margine (indeterminato e provvisorio) di traducibilità reciproca, per l'appunto, tra mondo scritto e mondo non scritto in *Se una notte d'inverno un viaggiatore*, romanzo pubblicato da Calvino nel 1979. Esemplare, tra le tante, la scena in cui il professor Uzzi-Tuzii si produce nella traduzione orale di un romanzo scritto in una lingua sconosciuta: «il professore, di fronte ai passaggi più ingarbugliati, non trovava di meglio per facilitarti la comprensione che attaccare a leggerli nell'originale. La pronuncia di quella lingua sconosciuta [...] acquistava l'assolutezza dei suoni che non attendono risposta, come il verso dell'ultimo uccello d'una specie estinta o il rombo stridente d'un aviogetto appena inventato che si disgrega nel cielo al primo volo di prova», Calvino 1979: 67.

37 Calvino 1967: 265-266. In una lettera del 1° aprile 1965, Calvino chiede a Franco Quadri (impegnato in quel momento con la trasposizione di *Sally Mara*) di tradurre la *Piccola cosmogonia portatile* di Queneau (poi, però, tradotta da Sergio Solmi) perché, a suo parere, sarebbe meno intraducibile degli altri versi dell'autore francese e anche «perché qui il contenuto saggistico del poema ha un'importanza pari alla materia verbale. Tanto che avrebbe un senso darne perfino una traduzione letterale», Calvino 1965: 513-514. Devo questa fine notazione ad Amelia Nigro che ringrazio.

38 A questo proposito, cfr. Derrida 1985: 367-418.

Assecondando, in conseguenza di ciò, un modello di traduzione perfettamente conforme con la sua tendenza a *calvinizzare*, prima ancora che trasporre in un'altra lingua.

Con Calvino si completa, almeno per ciò che concerne il discorso qui affrontato, la storia della rifondazione di un concetto di equivalenza basato su un'idea di reversibilità puramente linguistica: rifondazione che, come si è visto, attraversa sorprendentemente l'area concettuale di un termine apparentemente antinomico a quello di equivalenza. Accettando quella dose di perdita (che implica dolore) e di compensazione (che esige passione e cambiamento) che qualsiasi traduzione comporta, si perviene a un tipo di equivalenza che, più che testuale, diventa *funzionale*. Senza arricchire il testo di partenza, né migliorarlo, lo si adatta dinamicamente alla cultura d'arrivo; in pratica, lo si risistema, ammorbidendo la dicotomia tra traducibilità e intraducibilità[39]. Certo è che tale risistemazione è necessaria nella misura in cui la traducibilità assoluta è impossibile. è pur vero, e lo si è percepito nelle considerazioni di molti, che già nel testo d'origine l'intraducibilità introduce uno spazio supplementare che sollecita l'esperienza (e la creazione del *mondo possibile*, direbbe Umberto Eco)[40], ovvero il *transfert* che poi altro non è che lo spazio di ciò che Jacques Derrida ha definito *traduttibile*. Non si tratta di *far proprio* il testo di partenza, quanto piuttosto della possibilità da parte del traduttore di mettere a frutto il suo esercizio per comprendere, il poeta-traduttore forse meglio di altri, quella distanza del testo, con ogni evidenza inessenziale alla comunicazione, ma innegabilmente irrinunciabile.

Tale distanza rafforzerebbe la visibilità di un concetto o di una parola intraducibili secondo quella funzione di straniamento la cui portata critica, oltre che formale, è pronunciatissima, nella misura in cui trasporta il lettore da un piano di percezione, appena raggiunto, a un altro piano, per lui totalmente inaspettato, mantenendolo costantemente in un duplice atteggiamento di familiarità e della sua apparente antitesi, la non-familiarità, nei confronti di quel concetto o di quella parola[41]. è come se la funzione dell'intraducibilità facesse leva su una sorta

---

39 Cfr. Ervas 2008. Paul Ricœur parlerebbe a questo proposito di equivalenza senza identità, ovvero di una equivalenza non fondata su una identità di senso dimostrabile: cfr. Ricœur 2004a: 103; il concetto ricorre anche nei tre saggi raccolti in Ricœur 2004b.

40 Cfr. Eco 2003: in particolare, 45–48. È bene ricordare che di traduzione come proiezione verso l'universalità hanno parlato anche Whilelm von Humboldt e, soprattutto, il Walter Benjamin dell'*Angelus Novus*, secondo il quale «la fedeltà letterale nei confronti della sintassi sconvolge del tutto la riproduzione del senso e rischia di condurre diritto e filato all'inintelligibilità», Benjamin 1923: 232.

41 Sull'accostamento tra straniamento e perturbante, in un'oscillazione che da Mejerchol'd e Ejzenštein arrivi a Šklovskij, fino a Freud e a Brecht, si veda Raskina 2014. Sulla

di de-traduzione (e di pre-conoscenza) in grado di attestare dialetticamente l'esistenza del testo tradotto e la sua esperienza da parte tanto di chi traduce quanto di chi legge; vale a dire l'esperienza di quel testo da parte di una comunità di fruitori e di interpreti. Il tutto senza rinunciare alla verità, istruendosi sul testo d'origine e su quello più segreto che ciascuno di noi porta dentro di sé ed esponendosi, così, alla indecidibilità, accogliendola e rendendosene in qualche modo responsabile.

La negazione *in-*, dunque, non cancellerebbe poi molto; essa, al contrario, svela. Svela il segreto della traducibilità, della dimora, del proprio, fin a quasi a farlo coincidere con il suo contrario: il suo mantenersi, non del tutto dimenticato, nel testo, in quanto nascondimento, da cui sembrava esser stato sopraffatto e definitivamente spazzato via e in cui si è invece solo celato, avendo molto a che fare con il territorio mentale e l'azione stessa del tradurre. Azione, dotata di un elemento creativo, oltre che di un principio morale, sociale e politico che fornisca una chiave d'accesso all'altro, in un rapporto di ineguaglianza e di differenza reciproca, eppure di rispetto, di riconoscimento. Si potrebbe parlare, insomma, di un rapporto di *pertinenza* possibile, ed è questa la peculiarità della proposta qui delineata, per il tramite di una nuova enunciazione che, muovendosi su due piani paralleli ma convergenti, sia in grado di salvaguardare, di volta in volta, la dimensione semantica dell'intonazione originale[42].

---

concomitanza del concetto di perturbante con quello di spaesamento si consideri, invece, Antonelli 2010.

42 Cfr. Agostini-Ouafi 2010: 34. Si noti, a margine, che si tratta della stessa disposizione maturata da Giacomo Debenedetti nel tradurre la *Recherche* proustiana, come spiega bene Viviana Agostini-Ouafi nel saggio appena citato: «Per Debenedetti – annota la studiosa – l'ineffabile poetico non è quindi intraducibile. Anzi, è l'ineffabile dell'opera creatrice che deve prima di tutto essere riprodotto nella lettura e nella riscrittura della traduzione. Se poi, come lettore, il critico lo reputa necessario, ha diritto di aggiungere un'impronta personale, la propria dose di ineffabile, al testo che sta leggendo e interpretando. Questo vale *a fortiori* per il traduttore, lettore privilegiato che diventa coautore del testo da tradurre. Il lettore/traduttore è dunque attivamente impegnato nell'interpretazione del testo e la sua riscrittura non è mai trasparente rispetto all'originale», *ibid.*: 39.

Bibliografia

Agostini-Ouafi, V. (2010), *Poetiche della traduzione. Proust e Debenedetti*, Modena: Mucchi.

Albanese, A. (2011), Teoria e pratica del tradurre in Benedetto Croce, *Studi di Estetica* XLIII, 87–117.

Alighieri, D. (1307), *Convivio*, a cura di G. Inglese (1993), Milano: Rizzoli.

Antonelli, E. (2010), Considerazioni mimetiche su *Il perturbante* (*Das Unheimliche*), *Enthymema* II, 154–170.

Beccaria, G. L. (diretto da) (1994), *Dizionario di linguistica e di filologia, metrica e retorica*, seconda rist. (1999), Torino: Einaudi.

Benjamin, W. (1923), Il compito del traduttore. In: Id. *Angelus Novus*, a cura di R. Solmi (1982²). Torino: Einaudi, 39–52; ora, tradotto da G. Bonola, in Nergaard (2009) [1993]: 221–236.

Bigi, E. (1967), Il Leopardi traduttore dei classici (1814–17). In: Id. *La genesi del «Canto notturno» e altri studi sul Leopardi*. Palermo: Manfredi, 11–80.

Blasucci, L. (1982), Una fonte linguistica (e un modello psicologico) per i *Canti*: la traduzione del secondo libro dell'*Eneide*. In: *Leopardi e il mondo antico*, Atti del V convegno internazionale di studi leopardiani, Recanati, 22–25 settembre 1980. Firenze: Olschki, 283–300.

Borghese, L. (1981), Tia Alene in bicicletta: Gramsci traduttore dal tedesco e teorico della traduzione, *Belfagor* 6, 635–665.

Buffoni, F. (2016), *Con il testo a fronte. Indagine sul tradurre e l'essere tradotti*, nuova ed. accresciuta, Novara: Interlinea.

Calvino, I. (1965), Lettera a Franco Quadri. In: Id. (1991): *I libri degli altri*. Torino: Einaudi, 513–514.

Calvino, I. (1967), Nota del traduttore. In: R. Queneau (1984). *I fiori blu. Nella traduzione di Italo Calvino*, seconda ed. Torino: Einaudi, 263–274.

Calvino, I. (1995), *Saggi. 1945-1985*, a cura di M. Barenghi, 2 voll., Milano: Mondadori.

Calvino, I. (2012) [1979], *Se una notte d'inverno un viaggiatore*, Torino: Einaudi.

Chiamenti, M. (1995), *Dante Alighieri traduttore*, Firenze: Le Lettere.

Croce, B. (1902), Indivisibilità dell'espressione in modi o gradi e critica della retorica, tratto da *Estetica come scienza dell'espressione e linguistica generale*, a cura di G. Galasso (1990). Milano: Adelphi; ora in Nergaard (2009) [1993]: 207–213.

Croce, B. (1936), L'intraducibilità della rievocazione, tratto da *La poesia. Introduzione alla critica e storia della poesia e della letteratura*; ora in Nergaard (2009) [1993]: 215–220.

Croce, B. (1939), Intorno a un'antologia delle traduzioni italiane delle liriche del Goethe, *La critica* a. XXXVII, 59–67; rist. in: Id. (1946). *Goethe*, IV ed. Bari: Laterza, vol. II, 148–162.

Croce, B. (1941), Il giudizio della poesia su traduzioni, *La critica* a. XXXIX, 379–381; rist. in: Id. (1945). *Discorsi di varia filosofia*, vol. II. Bari: Laterza, 90–94.

Derrida, J. (1985), Des tours de Babel, trad. di A. Zinna. In: Nergaard (2010) [1995]: 367–418.

Di Rosa, V. (2004), Tradurre ed essere tradotti. Primo Levi e la memoria riflessa del tedesco, *Rivista di Studi Germanici* a. 42/1, 1–26.

Dolfi, A. (a cura di) (2004), *Traduzione e poesia nell'Europa del Novecento*, Roma: Bulzoni.

Dolfi, A., Mitescu, A. (a cura di) (1990), *La corrispondenza imperfetta. Leopardi tradotto e traduttore*, Roma: Bulzoni.

Eco, U. (2016) [2003], *Dire quasi la stessa cosa. Esperienze di traduzione*, Milano: Bompiani.

Ervas, F. (2008), *Uguale ma diverso. Il mito dell'equivalenza nella traduzione*, Macerata: Quodlibet.

Federici, F. M. (2007), Italo Calvino comincia a tradurre Raymond Queneau: la traduzione creativa di un incipit, *The Italianist* 27/1, 80–98.

Folena, G. (1991), *Volgarizzare e tradurre*, Torino: Einaudi (ma già apparso in veste ridotta nel 1973).

Fortini, F. (1974), *Saggi italiani*, Bari: Dedalo.

Fortini, F. (2003a), *Un dialogo ininterrotto. Interviste 1952–1994*, a cura di V. Abati, Torino: Bollati Boringhieri.

Fortini, F. (2003b), *Saggi ed epigrammi*, a cura e con un saggio introduttivo di L. Lenzini e uno scritto di R. Rossanda, Milano: Mondadori.

Fortini, F. (2011), *Lezioni sulla traduzione*, a cura e con un saggio introduttivo di M. V. Tirinato, premessa di L. Lenzini, Macerata: Quodlibet.

Fortini, F. (2015) [2014], *Tutte le poesie*, a cura di L. Lenzini, seconda ed., Milano: Mondadori.

Freud, S. (1919), Il perturbante, trad. di S. Daniele. In: Id. (1989), *Opere. IX (L'Io e l'Es e altri scritti)*, 1917–1923. Torino: Bollati Boringhieri, 77–118.

Genette, G. (1997) [1982], *Palinsesti. La letteratura al secondo grado*, trad. di R. Novità, Torino: Einaudi.

Goethe, J. W. (1819), Traduzioni. In: Id., *Note e dissertazioni per una migliore comprensione del* Divano occidentale-orientale. In: Id. (2010), *Il Divano Occidentale Orientale*, a cura di L. Koch, I. Porena, F. Borio, Milano: Rizzoli, 703–706.

Goethe, J. W. (1980) [1970], *Faust*, traduzione con testo a fronte e note a cura di F. Fortini, nuova ed., Milano: Mondadori.

Gramsci, A. (1977), *Quaderni del carcere*, edizione critica dell'Istituto Gramsci a cura di V. Gerratana, seconda ed., Torino: Einaudi.

Gramsci, A. (1996), *Lettere dal carcere*, a cura di A. A. Santucci, Palermo: Sellerio.

Gramsci, A. (2007), *Quaderni del carcere. I. Quaderni di traduzioni (1929-1932)*, a cura di G. Cospito, G. Francioni, vol. I, Roma: Istituto della Enciclopedia Italiana.

Greimas, A. J., Courtés, J. (1986) [1979], *Semiotica. Dizionario ragionato della teoria del linguaggio*, a cura di P. Fabbri, Firenze: La Casa Usher.

Groppi, F. (1962), *Dante traduttore*, Roma: Tipografia Poliglotta Vaticana.

Jakobson, R. (1959), Aspetti linguistici della traduzione. In: Id. *Saggi di linguistica generale*, a cura di L. Heilmann. Milano: Feltrinelli, 1996; nuova ed. 2005, 56-64.

Landa, K. (2015), Il problema della traduzione e il «linguaggio dell'ineffabile» nella Commedia di Dante in rapporto alla traduzione russa del poema, *Translationes*, a cura di G. Lungu-Badea, D. Crăciun, 6, 93-107.

Leopardi, G. (1817), *Discorso sopra la Batracomiomachia*, ora in: Id. (1999). *Poeti greci e latini*, a cura di F. D'Intino. Roma: Salerno.

Leopardi, G. (1997), *Zibaldone*, edizione commentata e revisione del testo critico a cura di R. Damiani, Milano: Mondadori.

Levi, P. (2006) [1985], *L'altrui mestiere*, seconda ed., Torino: Einaudi.

Levi, P. (2008) [1986], *I sommersi e i salvati*, quarta ed., Torino: Einaudi.

Liguori, G., Voza, P. (a cura di) (2009), *Dizionario gramsciano. 1926-1937*, Roma: Carocci.

Lombardo, A. (1992), Sul tradurre. In: R. Portale, P. Anano (a cura di). *La traduzione poetica nel segno di Giacomo Leopardi*. Pisa: Giardini, 35-43.

Manfredi, A. (1992), *Fortini traduttore di Eluard*, Lucca: Pacini Fazzi.

Mounin, G. (2006) [1965], *Teoria e storia della traduzione*, trad. di S. Morganti, Torino: Einaudi.

Nacci, B. (1999), Leopardi teorico della traduzione, *MLN* 114/1 (Jan.), 58-82.

Nergaard, S. (a cura di) (2009) [1993], *La teoria della traduzione nella storia*, nuova ed., Milano: Bompiani.

Nergaard, S. (a cura di) (2010) [1995], *Teorie contemporanee della traduzione*, nuova ed., Milano: Bompiani.

Nocentini, C. (2006), Tradurre è il miglior modo di leggere un'opera: Calvino e la traduzione. In: B. Van Den Bossche *et al.* (a cura di). *Italia e Europa: dalla cultura nazionale all'interculturalismo*, 2 voll. Firenze: Cesati, 229–235.

Orsi, G. G. (1703), *Considerazioni sopra un famoso libro franzese*, Bologna: C. Pisarri.

Pellegrini, R. (1978), La traduzione letteraria nel pensiero del Leopardi, *Lettere Italiane* 2 (Aprile-Giugno), 163–184.

Pietrucci, C. (a cura di) (2016), *Leopardi e la traduzione. Teoria e prassi*, Atti del XIII Convegno internazionale di studi leopardiani, Recanati, 26–28 settembre 2012, Firenze: Olschki.

Prieto, L. J. (1976) [1975], *Pertinenza e pratica. Saggio di semiotica*, trad. di D. Gambarara rivista dall'autore, Milano: Feltrinelli.

Raskina, R. (2014), L'estraneità del familiare: *Grotesk, Ostranenie*, Perturbante, *Ricerche slavistiche* 12 (58), 323–340.

Ricœur, P. (2004a), Culture, dal lutto alla traduzione. In: Id. (2013). *Ermeneutica delle migrazioni. Saggi, discorsi, contributi*, a cura di R. Boccali. Milano-Udine: Mimesis, 101–104.

Ricœur, P. (2008) [2004b], *Tradurre l'intraducibile. Sulla traduzione*, a cura di M. Oliva, Roma: Urbaniana University Press.

Risset, J. (2007), *Traduction et mémoire poétique. Dante, Scève, Rimbaud, Proust*, Paris: Hermann.

Rossi, G. (2015), Calvino and Weaver on Translation: in Theory and in Practice, *Lingue e linguaggi* 14, 197–208.

Salerno, V. (2017), *Dante. Traduzione, tradizione, intertestualità*, Modena: Mucchi.

Salmon, L. (2010) [2003], *Teoria della traduzione*, nuova ed., Milano: Vallardi.

Siebert, R. (2006), Perdersi e trovarsi nella traduzione, *Meridiana* 56 (*Migranti*), 111–128.

Stasi, B. (2006), Idee di Leopardi sulla Traduzione. In: G. Coluccia, B. Stasi. *Traduzioni letterarie e rinnovamento del gusto: dal Neoclassicismo al primo Romanticismo*, Atti del Convegno Internazionale Lecce – Castro, 15–18 giugno 2005. Galatina: Congedo, vol. II, 291–324.

Steiner, G. (1992) [1975], *Dopo Babele*, trad. di R. Bianchi, seconda ed. rivista da C. Béguin, Milano: Garzanti.

Taddei, S. (1993), Calvino traduttore: I fiori blu. In: B. Falcetto, L. Clerici (a cura di). *Calvino & l'editoria*. Milano: Marcos y Marcos, 95–119.

Matteo Lefèvre

Università di Roma "Tor Vergata"

Decostruzione e ricostruzione di uno spazio sonoro. Giuseppe Sansone traduce Garcilaso de la Vega

Abstract In this communication we analyse methodological criteria and strategies dealing with poetry translation, especially focusing rhythm and sound of lyric works, from prosody to phonetic figures, from rhyme to musicality. As regards spanish into italian translation, in particular concerning Siglo de Oro poetry, in order to obtain a good result, it is necessary to de-construct and then re-construct the poem in its rhythmical evidence as well as in its acoustics. We can observe this in the italian translation of Garcilaso's sonnet, *Pasando el mar Leandro el animoso*, realized by Giuseppe Sansone, poet and philologist, who also produced interesting traductological reflexions about his own work.

Keywords: *Poetry Translation*; *Garcilaso de la Vega*; *Giuseppe Sansone*; *Spanish Poetry of Siglo de Oro*; *Traductology*

Uno dei problemi principali della traduzione poetica, da un punto di vista metodologico, è quello della resa efficace della dimensione fonica e ritmica del testo originale. Se infatti è vero che ogni traduzione, e quella di poesia *in primis*, si vede ormai da decenni riconosciuta una propria autonomia, un'essenza legittimamente affrancata dalla natura e dai vincoli del testo-fonte, è altresì necessario che una versione lirica mantenga in sé certi valori presenti nella sua origine. In seno alla riflessione teorica, è un discorso che rimanda non tanto al concetto di fedeltà o infedeltà, antico come la traduzione stessa[1], quanto piuttosto, tra suggestioni differenti, a quella prospettiva ermeneutica chiamata comunemente «Etica della traduzione», che ha nella scuola francese i suoi principali ispiratori[2]. Allo stesso tempo, sul versante empirico, che implica anche la riuscita concreta del lavoro, si tratta della capacità da parte del traduttore di far fronte in modo puntuale ad alcune delle caratteristiche privilegiate del testo di partenza, dalla

---

1 Per una ricostruzione storica della questione, cfr. direttamente Mounin 1994.
2 Faccio riferimento soprattutto ai celebri studi di Berman (1984 e 1999); nonché alle diverse tesi di Henri Meschonnic, ultimamente ricomprese e aggiornate in Meschonnic 2007.

distribuzione delle risorse retoriche al sistema di versificazione, dalla sonorità dei singoli elementi alla melodia dell'intero canto. Per quanto attiene a questa dimensione, ad esempio, si va dalle allitterazioni e dagli echi meno percepibili al più scoperto lessico onomatopeico e alla presenza della rima, diffusa soprattutto nei generi ad alto tasso di formalizzazione che hanno occupato per secoli la scena letteraria. Ogni poesia crea un proprio *spazio* sonoro, perimetra una musicalità che in modo ostentato o involontario, scoperto o sotterraneo, affiora sempre tra i versi; e poco importa che ne nasca un'armonia consolidata e 'orecchiabile': vi è una sonorità che nasce anche dal fruscìo, dallo stridore, dal silenzio perfino. Non è un caso che, storicamente, dalla Grecia antica all'epoca romanza e anche oltre, poesia e musica siano nate e cresciute in uno stato simbiotico e abbiano conosciuto soltanto nei tempi moderni una separazione più accentuata. Al netto delle poetiche e della teoria letteraria, è quanto ci ricorda il padre della lirica occidentale, Petrarca, che apre il *Canzoniere* invitando i lettori ad ascoltare il *suono* dei suoi *sospiri*; ed è una suggestione che giunge fino ai simbolisti, da Verlaine a Valery, nel battito di quella «hésitation prolongée» tra *son* e *sens* da cui si origina la costruzione stessa del verso[3]. Ma il rapporto della poesia con il suono, come dicevamo, è confermato anche dalle concezioni di segno opposto, quelle in cui si fa spazio una visione più densa e filosofica della scrittura lirica: nel caso spagnolo, basti pensare al *Credo poético* di Unamuno, che rifiuta esplicitamente tale vincolo («algo que no es música es la poesía») in ossequio a un ritmo del pensiero più meditato, sinuoso, frammentato. Tuttavia, indipendentemente dai manifesti di poetica, di qualsiasi poetica, molto della sonorità di un verso nasce proprio dalle tirate e dalle pause del suo scorrere, ed è per questo che il testo si costruisce ripetendo, variando o contrastando peculiari cadenze dilagate nei 'secoli d'oro' della poesia e successivamente rimodulate o avversate attraverso la pluralità di istanze novecentesca. In questo senso, il lavoro del traduttore di poesia è senz'altro condizionato dal codice genetico del testo, in cui ritmo e musicalità hanno una parte decisiva, ma gode di non poca libertà nel ricreare un'inedita partitura nella propria lingua, sfruttando appieno lo statuto di autonomo genere letterario[4] concesso alla versione lirica in quanto processo creativo, governato dunque non solo dall'ermeneutica e dall'etica traduttiva, ma

---

3   Sul rapporto tra dimensione fonica e semantica nella versione lirica, e sulla scorta delle riflessioni della scuola francese, cfr., tra gli altri, Scotto 2013.

4   Sulla traduzione di poesia come genere letterario, artistico, così come sulle implicazioni del ritmo in seno alla versione lirica, si veda in primo luogo Buffoni 2004, che ricostruisce il discorso in chiave storica e teorica attraverso il Novecento e offre un ampio dialogo con la bibliografia di riferimento.

anche da principi estetici. E nell'economia di un simile discorso, come ricorda Taravacci, spesso è proprio «la musica […] a fare la differenza tra un testo che ha raggiunto un sufficiente livello estetico e un altro che ha mancato l'obiettivo»[5].

In queste pagine desideriamo offrire alcune considerazioni in merito alla traduzione del testo poetico, in particolare concentrandoci sulla marcatura formale che dà sostanza fonica e ritmica alla lirica stessa. E a tal fine ci avvaliamo di due protagonisti d'eccezione: da un lato, in veste di traduttore, di Giuseppe Sansone, poeta, filologo romanzo e noto studioso della cultura iberica dal Medioevo alla prima età moderna; dall'altro, come autore originale, di Garcilaso de la Vega, il 'principe' dei poeti spagnoli, del quale, tuttavia, dal Cinquecento fino ai giorni nostri esiste uno spettro relativamente ridotto di versioni italiane. Sansone, nella fattispecie, nel 1988 cura per la collana dei «Poeti della Fenice» di Guanda un'edizione dei sonetti del poeta toledano completa di un ampio apparato di commento e di note, che principalmente inquadrano l'autore e la sua lirica sul piano storico e critico[6]; e a questo lavoro, solo un anno più tardi, aggiunge una serie di riflessioni di natura traduttologica in uno studio dedicato espressamente alla versione lirica[7], soffermandosi in modo precipuo sul problema della disparità ritmica e sonora che si osserva al confine tra testo-fonte e testo-meta[8].

5　Taravacci 2017: 66. Taravacci in questo studio ha ricostruito con precisione la natura e le pieghe del dibattito condotto negli ultimi anni sulla autonomia sostanziale della traduzione poetica, legandola, tra le altre cose, proprio al ritmo e alla musicalità insita in qualsiasi produzione lirica, sia essa primaria o 'di secondo grado', quale è appunto la traduzione. Rimandando ad alcuni recenti contributi pubblicati in area spagnola (e non solo) che hanno teso ad evidenziare il valore della versione poetica come *genere* a sé, come luogo di dialogo intertestuale, ma soprattutto come vera e propria «occasione di scrittura» (*ibid.*), ciò che puntualmente si aggiorna nella traduzione di poesia – il che è funzionale anche a quanto intendiamo discutere in questo nostro saggio – è proprio il ritmo, la 'voce' chiamata a riproporre la juanramoniana «música de otros». Tra i contributi ricordati, per questo discorso si vedano soprattutto Talens 2000 e Siles 2014.

6　De la Vega 1988.

7　Sansone 1989, poi ripreso in Sansone 1991: 11–34. È giusto sottolineare che proprio Sansone è tra i più acuti studiosi italiani di traduzione poetica sia nei suoi principi teorici e metodologici sia per quanto concerne la pratica testuale. Un'interessante panoramica sulla sua parabola di traduttore e traduttologo, con abbondante bibliografia, può leggersi in Cerullo 2013.

8　Per il concetto di «confine» nell'ambito della semiotica letteraria, il riferimento obbligato è sempre Lotman 1985. Tale concetto negli ultimi decenni ha poi trovato applicabilità anche in seno alla traduttologia di stampo culturalista – è in questa accezione che lo evochiamo – come sottolineano, ad esempio, due recenti studi di Vincenzi (2015 e 2017, che raccoglie anche una prima bibliografia sull'argomento).

In chiave traduttiva è proprio da alcune premesse di metodo che occorre partire per inquadrare il problema nei suoi aspetti essenziali, per circoscrivere l'orizzonte della legittimità di certe opzioni. Non si tratta tanto di impostare un discorso normativo, di capire fino a che punto possa spingersi o meno il traduttore di poesia, di stabilire se sia suo dovere attenersi scrupolosamente ai dettami del testo di partenza oppure se goda di piena libertà nel «trasmutarlo»[9], nel riformulare la sostanza espressiva dell'originale con l'obiettivo di creare una nuova musicalità nella propria lingua. E non si tratta nemmeno di fondare un paradigma assoluto, imperniato su una 'etica' troppo rigorosa e difficilmente applicabile in seno a una prassi necessariamente problematica quale è l'atto *transpoetico*[10]; al contrario, se si cercano possibilità e strumenti per procedere, verifiche concrete in grado di fornire spunti produttivi, certamente occorre spingere lo sguardo al di là dei principi e volgerlo al lavoro autentico dei traduttori, alla loro esperienza sul campo, che può fornire un solido fondamento operativo e un conseguente, non aprioristico, inquadramento metodologico. Da qui anche il titolo del nostro saggio, in cui vogliamo in primo luogo svelare alcuni meccanismi dall'interno: mostrare, sì, la dottrina (filologica, filosofica, estetica) di un «poeta-traduttore»[11], di un «transautore»[12], cioè un autore a tutti gli effetti, in transito tra più lingue ed esperienze, ma soprattutto la sua 'officina', le sue competenze e abilità, le risorse a sua disposizione. E lo facciamo sia ascoltando le parole con cui questi accompagna il proprio lavoro sia osservandone dall'esterno la strategia, interpretandone le scelte; è un esercizio critico che si fonda sull'indagine puntuale, che esamina ma non giudica, che considera la traduzione non come mero veicolo linguistico o culturale, ma come attività creativa scissa da un'origine troppo ingombrante e vincolante, opera *aperta* e autonoma, storicizzabile e analizzabile alla stregua di qualsiasi produzione testuale. Per questo motivo è solo attraverso la decostruzione e la successiva ricomposizione dei suoi *fragmenta* che una traduzione può essere compresa o esaminata; ed è proprio in questa dinamica de- e ri-combinatoria che essa trova una propria compattezza,

---

9   Per il concetto di «trasmutazione» in seno alla traduttologia contemporanea, cfr., tra gli altri, Prete 2011: 56–59.

10 Per la nozione di «transpoesía», cfr. Valesio 1996.

11 Sulla distinzione e la dialettica «storica» tra poeti-traduttori e traduttori-poeti, mi pare sempre significativo il noto studio di Macrì (2002), recentemente integrato da Nardoni (2015). Per gli spunti legati all'attualità del dibattito, in un panorama ormai piuttosto vasto di studi al riguardo, un punto di partenza può essere costituito sempre da Taravacci 2015, i cui contributi forniscono coordinate critiche e bibliografiche esaustive.

12 Cfr. Ghignoli 2014.

un'evidenza di cui si può dare conto. La traduzione è *processo* ma principalmente *prodotto*, e tanto più nell'ambito della poesia, dove le questioni filologiche e linguistiche, le strategie interpretative e riformulatorie – autentico fulcro di una sorta di *poiesis* 'derivata' – contemplano i dettagli dell'origine (lessico, retorica, metro), ma soprattutto l'effetto complessivo generato dal nuovo testo, alla ricerca di un risultato valido prima di tutto – lo ripetiamo ancora – come «operazione estetica»[13]. In tutto questo, naturalmente, ritmo e suono hanno un'importanza capitale: è la lezione, ancora pienamente attuale, di Henry Meschonnic, il più consapevole fautore, sullo scorcio del Novecento, di una prospettiva in grado di disciplinare il nesso esistente tra etica e poetica della traduzione, in cui quest'ultima è il luogo deputato a sussumere criteri di metodo e opzioni precise, il tutto orientato intorno all'idea che proprio la componente ritmica del canto costituisca la sua essenza, la sua cifra di riconoscibilità storica, determini la poetica incarnata dall'autore e dal suo testo[14]. Per lo studioso francese, nella sintesi di Giampaolo Vincenzi, il *ritmo* è

> l'elemento che collega l'opera letteraria con la cultura che l'ha espressa e con il soggetto, con il corpo dell'autore che ha creato il testo; è il fattore che indica una continuità tra il rappresentante di una cultura che crea l'opera e la critica che la riguarda[15].

È dunque la dimensione ritmica a 'vincolare' ogni opera alla propria origine, a sintetizzarne la «historicité radicale»[16], e nel nome di una continuità tra prototesto e metatesto proprio il ritmo diviene lo strumento essenziale nelle mani di un traduttore, il punto di snodo di un'azione chiamata a identificare un'opera e un'intera cultura, discrimine delle sue versioni e riproposizioni:

> Il ritmo, non l'interpretazione, fa la differenza tra le traduzioni. La differenza reale nell'interpretazione. Il ritmo, nella traduzione esattamente come nell'originale, deve fare in modo tale che l'interpretazione sia non portatrice ma portata. Il ritmo essendo contemporaneamente la storicità e la specificità del tutto di cui il senso non è che una parte. Allora l'etica e la poetica del tradurre non sono che una stessa ricerca. Del ritmo[17].

Se il discorso di Meschonnic ha perlopiù un rilievo di natura teorica, Giuseppe Sansone ha invece affrontato la questione da un punto di vista pragmatico, in un vincolo stretto tra ricerca, strategia e prassi, legato alla sua esperienza di critico

---

13   Cfr. Mattioli 1989: 30.
14   Cfr. Dessons, Meschonnic 1998; ma, per il nostro discorso, soprattutto Meschonnic 1999.
15   Vincenzi 2010: 83.
16   Meschonnic 1999: 194.
17   Cito il passo in italiano, per maggiore comodità dei lettori, così come appare in Vincenzi 2010: 87–88.

e studioso di lirica medievale e rinascimentale, così come alla sua vocazione di poeta. Sì, perché la sfida si gioca anche in questo caso tra ermeneutica e creatività, e al centro del campo si staglia la figura del traduttore, che si fa esegeta e al contempo soggetto scrivente, insieme *interpres* e *orator*, per dirla con Cicerone. In tal senso, l'esempio di una poesia dall'elevato coefficiente di formalizzazione quale quella di Garcilaso ben si presta all'analisi da diverse angolature, *in primis* in rapporto a quei fattori che ne determinano il *cursus* del dettato. I criteri enucleati da Sansone emergono dalla riflessione, ma soprattutto dal confronto serrato con i testi: da qui una serie di indicazioni puntuali, la mappatura minuziosa di un itinerario di scelte che scopre gli ingranaggi della macchina traduttiva, i tasselli che di volta in volta l'autore deve sparigliare e poi rimettere insieme. In quest'ottica, la versione lirica «pare aggirarsi entro confini abbastanza precisi», i cui «momenti» appaiono «del tutto interrelati, intrinseci e conviventi»[18]; si tratta di interventi concreti basati sulla decostruzione dell'originale e sulla ricombinazione di una rete di suoni e significati, dalle isotopie più scoperte al respiro sommerso del canto. Gli aspetti di ordine generale riguardano l'«ordine delle parole» e la «sinonimia» all'interno del verso, o meglio la «ricostruzione» del verso stesso, ai fini della quale il traduttore, come vedremo, può ricorrere a procedimenti di «sottrazione» e «addizione» degli elementi presenti e di «sostituzione» dei significanti originari. Per quanto attiene invece alla disposizione dei lemmi nella misura del verso – spiega Sansone – si tratta di

> un'operazione che, in area traduttiva, ripropone la definizione di "asse sintagmatico" di saussuriana memoria; ma quel che conta sottolineare è la sua funzionalità, che risiede espressamente nell'essenza ritmica. [...] trova la sua prima motivazione nella funzione ritmica, visto che è questa soltanto che garantisce il risultato poetico della versione lirica: per raggiungere il quale è assai di frequente indispensabile ridistribuire – nella caccia di battute e pause ovvero nella sinusoide melodica – i costituenti lessicali originari[19].

Ritmo e suono sono dunque posti al centro delle problematiche che emergono nella traduzione di poesia. E il discorso si rafforza alla luce di quanto avviene in rapporto alla sinonimia, che tanto nel testo lirico quanto nella sua versione ha margini di applicazione del tutto differenti rispetto alla normale *praxis* grammaticale, al comune andamento prosodico. Le risorse della linguistica vanno pertanto modulate necessariamente alla luce delle esigenze della traduzione. In questo contesto, «lo strumento sinonimico s'iscrive entro un saussuriano "asse

---

18 Sansone 1989: 15.
19 *Ibid.*

paradigmatico"; ma, nella fattispecie, nel più ristretto ambito della funzione sillabica, cioè entro lo spazio più esiguo della campata ritmica»[20]. E non è solo un problema di ritmo: come dicevamo, la scelta dei termini non investe solamente il *numerus*, la misura e il tempo del canto; è anche una scelta in direzione di una sonorità specifica, una sonorità che può imitare pedissequamente o rimodulare quella presente nell'originale alla ricerca di nuova linfa nel terreno della lingua di arrivo. Se è vero che da sempre i teorici 'negazionisti' rispetto alla possibilità di tradurre poesia si sono asserragliati nel fortino dell'impossibilità di riprodurre soprattutto la dimensione fonica del testo, discriminante essenziale del *legame musaico* di dantesca memoria, è altrettanto vero che la lirica si traduce e si continua a tradurre da secoli. È una tesi che poggia semplicemente sull'osservazione, un credo empirico che alterna l'impegno interpretativo a tutta una serie di trovate estemporanee, che mescola la consapevolezza critica con espedienti pratici e tecniche combinatorie: nella traduzione poetica, spiega ancora Sansone, bisogna mantenere un «atteggiamento di sostanziale eclettismo: in rapporto agli istituti linguistici, in rapporto ai tempi, in rapporto all'autore, in rapporto ai testi con cui a volta a volta ci si commisura»[21].

Il problema, alla luce di quanto detto, si pone principalmente quando devono tradursi testi particolarmente codificati: a fronte di generi e metri fissati da una tradizione secolare, il dilemma, per così dire, risiede perciò nella difficoltà di ricostruire l'architettura degli originali; un'architettura che è variazione melodica, ma è pur sempre stabile andamento di fonemi e pause ritmiche, eco e silenzio. Una lirica classicista, a sentire Sansone, va riprodotta nella sua integrità metrica, che si compone non soltanto di versi endecasillabi con accentuazione rigorosa, ma altresì di un complesso sistema di rime, la cui elusione rischia di dar vita a un risultato «troppo al di sotto della parola del poeta»[22]. Lontano dalla sua storicità, dalla sua sonorità, a cui il traduttore – istanza vivente di transautorialità in cammino – è chiamato a dare nuova voce. Nel caso dei sonetti di Garcilaso il poeta-traduttore assume «l'inderogabile necessità di trasporre [...] tutto l'apparato di metri e rime connessi»[23] sia per quanto attiene al vincolo etico con il modello sia nella sua ricerca di una poetica personale e credibile. Un tale atteggiamento, per giunta, diviene cruciale proprio alla luce di alcune motivazioni di ordine storico-letterario che si stagliano sullo sfondo delle questioni linguistiche e tecniche e investono la relazione tra la cultura spagnola e quella italiana:

---

20 *Ibid.*
21 *Ibid.*: 23.
22 *Ibid.*
23 *Ibid.*

In primo luogo, l'eccezionale fraternità notoriamente esistente fra sistema fonologico-sintattico dello spagnolo e sistema italiano. In secondo luogo, la lezione di cui Garcilaso – gran riformatore della lirica di Spagna – si ispirò consistentemente, che fu quella, per dirla in breve, di Petrarca e dei petrarchisti italiani, soprattutto quelli dell'Accademia Pontaniana, per cui il versificare del toledano si proponeva come una eco assai prossima al poetare italiano. In terzo luogo, sotto un profilo più strettamente tecnico, la rima di Garcilaso presentava un indice assai cospicuo di presenze grammaticali, ovvero di verbo flesso, con immediata corrispondenza in italiano[24].

Fatte queste premesse, esaminiamo dunque le modalità con cui Sansone si confronta con uno dei componimenti più noti del poeta toledano e quali strategie mette in atto per proporre anche nel contesto di arrivo una lirica dalla spiccata identità.

Pasando el mar Leandro el animoso,	Solcando il mare Leandro animoso,
en amoroso fuego todo ardiendo,	nel fuoco dell'amore tutto ardendo,
esforzó el viento, y fuese embraveciendo	il vento rinforzò e ribollendo
el agua con un ímpetu furioso.	l'acqua s'alzò con impeto furioso.
Vencido del trabajo presuroso,	Fiaccato dallo sforzo tormentoso
contrastar a las ondas no pudiendo,	e ai marosi opporsi non potendo,
y más del bien que allí perdía muriendo	più del bene perduto, lì morendo,
que de su propia vida congojoso,	che del suo stesso vivere ansioso,
como pudo, 'sforzó su voz cansada	come poté, un alito esalando,
y a las ondas habló desta manera,	alle onde parlò con stanca voce,
mas nunca fue su voz dellas oída:	che tuttavia non venne percepita:
«Ondas, pues no se escusa que yo muera,	«Poiché non può evitarsi morte atroce,
dejadme allá llegar, y a la tornada	lasciatemi arrivare, e ritornando
vuestro furor esecutá en mi vida».	la vostra furia stronchi la mia vita»[a].

[a] Per il testo di Garcilaso, cfr. Boscán, de la Vega 1995. Per la versione italiana, cfr. de la Vega 1988.

Il sonetto XXIX, databile attorno al 1535, è una lirica della fase più matura di Garcilaso[25], un testo che, peraltro, dal Cinquecento a oggi ha conosciuto svariate versioni italiane, in parte analizzate in passato anche da chi scrive[26]. Siamo dinanzi a una variazione sul tema mitologico dell'amore tra Leandro ed Ero, e il poeta spagnolo concentra la propria attenzione sugli ultimi istanti della vita del

---

24 *Ibid.*: 24.
25 Lapesa 1985: 155–156, 186. Per ulteriori rilievi storici e filologici, cfr. Rosso 1990; mentre per il commento delle fonti e dei singoli aspetti tematici e stilistici del sonetto proposto già diversi commentatori cinque-secenteschi, cfr. Gallego Morell 1972.
26 Mi permetto di rinviare qui a due miei lavori relativamente recenti: Lefèvre 2014 e Lefèvre 2016.

protagonista, il quale, nel tentativo di raggiungere l'amata al di là dello stretto di mare che li divide, viene travolto dalle onde. *Pasando el mar* ha un andamento incalzante, in cui la grammatica del testo viene calibrata ai fini di una creazione molto elaborata sul piano stilistico ed emotivo, che ha proprio nel ritmo sostenuto uno dei suoi punti di forza. È dunque con la ricchezza linguistica e retorica delle rime più compiute di Garcilaso che Sansone è chiamato a confrontarsi; da ciò scaturisce un'attenzione, una tensione positiva nell'opera di scomposizione dell'intelaiatura che si distende tra l'originale e il testo-meta e che consente, dal nostro punto di vista, di osservare anche i criteri adottati di volta in volta dal traduttore. È un discorso che si sviluppa lungo l'asse della struttura testuale, tra suono, sintassi e lessico, in un confronto continuo tra lingue e codici della lirica.

Basta soffermarsi sulla quartina inaugurale per notare fin dall'incipit un campionario assortito di figure foniche che ben orchestrano, sul piano retorico, la presentazione iniziale del quadro. Le allitterazioni e gli echi che si declinano nei primi versi, in effetti, sono funzionali alla descrizione del paesaggio su cui si apre il sonetto e che colloca il protagonista in un'atmosfera drammatica, nel pieno di un braccio di mare in tempesta. È una rete a maglia fitta di suggestioni e rimandi – si veda la ripetizione dei fonemi vocalici della *a*, della *e* e della *o*, ma soprattutto i nessi consonantici *–am/an/d*, *-emb/end/t*, e *–oso/orzo* – che collaborano a ritrarre i turbinii del vento e i gorghi della distesa equorea.

> Pasando el mar Leandro el animoso,
> en amoroso fuego todo ardiendo,
> esforzó el viento, y fuese embraveciendo
> el agua con un ímpetu furioso.

Vi è poi l'insieme delle rime, che rinforzano l'elasticità dell'insieme e si estendono, com'è consuetudine in un sonetto classicista, anche alla seconda quartina. Queste, nello specifico, sono identificate simmetricamente da aggettivi (A: *animoso, furioso, presuroso, congojoso*) e da verbi al modo gerundio (B: *ardiendo, embraveciendo, pudiendo, muriendo*), le cui desinenze trasmettono l'idea del movimento e della simultaneità, della continuità pressante degli accadimenti, e che, come abbiamo appena ricordato, evocano anch'essi il rombo e la furia degli elementi. E non si creda che sequenze di questo tipo si ritrovino soltanto nelle prime quartine: anche la terzina che chiude il componimento, ad esempio, è emblematica della ricerca di intense risonanze da parte del poeta, il quale si appoggia costantemente su alcuni suoni vocalici (in questo caso, principalmente il dittongo *-ue* e i fonemi *a* ed *e*), mescolati all'uso ripetuto della *ll*, della *s* e della *r*, al fine di ricalcare in parte il sibilo del vento.

Ondas, pues no se escusa que yo muera,
dejadme allá llegar, y a la tornada
vuestro furor esecutá en mi vida.

Infine, la disposizione dei costituenti lessicali influisce non solamente sulla sonorità dei versi, ma anche sul loro andamento. È quanto abbiamo notato a proposito dei gerundi con valore temporale delle quartine, strategicamente collocati
alla fine del verso: mai come in queste zone del testo il vocabolario collabora
pienamente alla declinazione di un ritmo insistito che è anche descrizione minuziosa di un'emozione, puntuale affresco del cuore stesso della lirica.

Una simile fusione tra possanza ritmica e figure foniche si riscontra anche
nella traduzione italiana, dove Sansone riesce a riprodurre in buona parte i valori
presenti nel testo-fonte pur con una distribuzione, ovviamente, a volte distinta
dall'originale. È quanto si può osservare già nel primo verso, in cui l'endecasillabo eroico di Garcilaso (*Pasándo el már Leándro el ánimóso*), con tutto il suo
portato di gravità, viene modulato, sì, con accenti analoghi nel primo emistichio (*Solcándo il máre*), ma con un rallentamento e un'autentica 'planata' nella
seconda parte: qui l'ictus sulla 7ᵃ sillaba, legittimo nell'economia degli accenti
metrici dell'endecasillabo italiano (in questo caso *a minore*), interrompe tuttavia la cadenza sostenuta dell'incipit spagnolo. Ne nasce una sorta di frenata,
una *impasse* ritmica – si badi bene, non tecnica – che schiude una musicalità a
sé stante e invera una inedita percezione del canto. E una circostanza simile si
riscontra, ad esempio, anche nel verso conclusivo della quartina. La lirica spagnola chiude infatti la strofa con un endecasillabo dal marcato ritmo ascendente
(*el água con un ímpetu furióso*), diverso dai precedenti e ideale per evocare l'andamento delle onde nel mare agitato, e tale peculiarità nel testo italiano viene
recuperata attraverso una soluzione altrettanto efficace, che riproduce tuttavia
detto ritmo anticipandolo alla prima parte del verso (*l'ácqua s'alzó con ímpeto
furióso*): se dunque Sansone, anche per la profonda simmetria tra i due idiomi,
nel secondo emistichio ha buon gioco a imitare il tracciato disegnato da Garcilaso (*ímpetu furióso* → *ímpeto furióso*), nella prima metà affida la resa fonosim-
bolica dell'ingrossarsi del mare al ritmo dattilico che si stabilisce già all'inizio
del verso. Si tratta di coerenti margini di libertà, di prerogative proprie di ogni
traduttore di poesia, costantemente alla frontiera tra scelte sovrane e obbligate,
in equilibrio precario, come detto, tra asse paradigmatico e sintagmatico, tra lun-
ghezza sillabica, sostanza semantica e distribuzione dei vocaboli implicati; un
traduttore che è allo stesso tempo padrone di sé e del linguaggio poetico del suo
tempo, fresco interprete e nuovo demiurgo. Naturalmente, alla tensione del sin-
golo verso e dell'insieme si aggiunge anche la musicalità ostentata o rinnegata, la

sostanza sonora implicita nei versi, alla cui rimodulazione occorre lavorare con tutta la propria abilità. È questo, forse, il terreno più interessante dell'incontro tra Sansone e Garcilaso. A fronte delle notevoli 'insistenze' che si riscontrano nel sonetto spagnolo, le opzioni predilette dal traduttore, anche per i vantaggi offerti dalla specularità di certo lessico, soprattutto nella prima parte richiamano alcuni gruppi vocalici e consonantici affini all'originale (sol*cando*, *Le*andro, an*imoso*, am*ore*, *ard*endo, *v*ento ecc.) e danno vita anch'esse all'effetto incalzante cercato dal poeta toledano. Una trovata felice e non immediata, in questo senso, è senz'altro l'accostamento dei termini allitteranti *rinforzò* e *ribollendo* del v. 3, che ben si sposano con la descrizione del fortunale incombente; e un discorso similare può farsi anche a proposito della soluzione traduttiva del v. 5 (*trabajo presuroso → sforzo tormentoso*), in cui l'affanno e lo strazio dell'impresa di Leandro si percepiscono 'sonoramente' in entrambi i componimenti. Nel resto della versione italiana, anche se a tratti il ritmo sembra calare rispetto all'originale, l'intensità del canto non si perde comunque mai del tutto, come testimonia soprattutto l'ultima terzina, in cui, se pure i versi lasciano qualcosa in termini di veemenza, l'angoscia del racconto è proposta con notevole intensità. Alla luce di un quadro sempre più fosco, di un epilogo tragico che si avvicina a grandi falcate e in un vortice assordante, Sansone ricostruisce un orizzonte drammatico fondato principalmente sul suono sordo della *o* e su quello grave sintetizzato dalla *r* e dalla *t*, anche combinate variamente tra loro (-rt, -tra, -tro, -tar e -tor), che ben richiamano la cupa atmosfera in cui il protagonista emette il proprio grido disperato:

Poiché non può evitarsi morte atroce,
lasciatemi arrivare, e ritornando
la vostra furia stronchi la mia vita.

In definitiva, nei luoghi cruciali della lirica il traduttore ricompone con estrema cura lo spazio fisico e sonoro esibito dal testo-fonte, e lo fa senza forzare l'orizzonte del lessico individuato da Garcilaso. Per quanto concerne la morfosintassi, poi, l'autore italiano si muove con precisione ma anche con autonomia sulla linea del verso, e ciò proprio per mantenere sia il rigore metrico sia la densità semantica dell'originale. È quanto sostiene lo stesso Sansone nel saggio più volte citato, in cui alla fine dei conti si riafferma la necessità, per il traduttore, di sapersi districare con agio tra l'asse della selezione e quello della combinazione, tra le molteplici risorse del linguaggio e della retorica, mediando tra l'istanza di autorialità presente alla radice e la propria vocazione. Si vedano, in tal senso, a puro titolo di esempio, l'«addizione» del v. 9, con l'inserimento del sintagma *un alito esalando*, così come la «sottrazione» evidentissima del v. 12, in cui dalle parole di Leandro viene omesso il vocativo *Ondas*. Nel primo

caso siamo di fronte a un caso di «amplificazione»[27] che potremmo definire
'd'autore', poiché il sintagma italiano non è originariamente presente nel testo
spagnolo e viene inserito non solo in ragione della linearità del verso, ma anche
per sottolineare la drammaticità della descrizione e declinare la sofferta agonia
del protagonista. Nel secondo caso, invece, l'omissione del termine *Ondas*, che
è giustificata sul piano logico dal precedente dativo del v. 10 («e *alle onde* parlò
con stanca voce») e tuttavia diluisce la personificazione dell'elemento marino,
si deve più che altro a un'esigenza metrica, all'impossibilità di condensare altri-
menti un endecasillabo efficace.

Senza ombra di dubbio, la traduzione di Sansone rappresenta un valido risultato sia sotto il profilo filologico che estetico, fortunata circostanza da ascriversi al
suo duplice risvolto di poeta e di studioso, della cui meticolosità dà conto un'intera carriera; e anche quando possiamo apprezzare qualche eccezione legittima
sul piano interpretativo, questa, come abbiamo indicato più volte, spesso appare
funzionale proprio alla creazione di una sonorità inedita. Siamo nell'orbita di
quelle che l'autore definisce «sostituzioni», lievi scarti in seno al paradigma saussuriano, ma puntuali scelte stilistiche che investono proprio la dimensione fonica
della lirica. Si veda, per esempio, nella seconda quartina, la resa del termine spagnolo *ondas* con l'italiano *marosi* (e *ai marosi* opporsi non potendo, v. 6), che,
pur variando, ben si attaglia alla sostanza che domina l'intera stanza e si declina
intorno ai suoni della -*o*, della -*r* e della -*s* nelle loro più disparate combinazioni:

> Fiaccato dallo sforzo tormentoso
> e ai marosi opporsi non potendo,
> più del bene perduto, lì morendo,
> che del suo stesso vivere ansioso

Quello che traspare è così un criterio di autonomia teso al trasferimento dalla
lingua poetica di partenza a quella d'arrivo di un lessico atto a evocare in modo
incisivo il ruggito sinuoso del mare secondo una tendenza che ritorna in più
luoghi del componimento. E in una prospettiva analoga può essere inquadrata
anche l'aggiunta dell'aggettivo *atroce* al v. 12, non presente nel testo-fonte e introdotto per conservare la rima (*voce/atroce*), ma anche per amplificare la dolorosa
fine di Leandro.

Per tirare ormai le somme rispetto al discorso che abbiamo condotto fin qui,
in primo luogo occorre riaffermare il fatto che ogni manifestazione poetica
porta con sé, più o meno consapevolmente, una serie di valori che definiscono
al suo interno uno specifico tracciato. Ne nasce un suggestivo 'spazio sonoro',

---

27 Cfr. Delisle, Lee-Jahnke, Cormier 2002.

in cui motivi e contenuti della lirica vengono inseriti per esprimere al meglio la sostanza ritmica e semantica del testo, il suo senso compiuto, storico. E ciò naturalmente si ripercuote anche sul fronte della traduzione: in special modo dinanzi ai generi e ai metri più formalizzati, in cui il sistema retorico dispensa rigorosamente le opzioni, il traduttore cerca di produrre un testo-meta, sì, autonomo, ma al contempo in costante dialogo con l'origine, con le sue istanze comunicative, i suoi *contraintes* stilistici e soprattutto la sua musicalità. È un problema di pragmatica della traduzione, per cui un'opera ci parla dalla verticalità, a volte dalla vertigine di dette istanze. Nel percorso strutturato della versione lirica è proprio dalla decostruzione dello spartito originale e dalla sua successiva ricostruzione nell'universo di arrivo che scaturisce un testo *nuovo*; un testo vivo e valido dal punto di vista filologico, nel senso del rispetto del prototesto, ed estetico, per la bellezza che invera e sa trasmettere; un prodotto che si deve soppesare sul versante della traduttologia, della critica e della ricezione. È qui che entrano in gioco la poetica della traduzione, questioni di carattere ermeneutico e prassi concreta del tradurre, si svolgano queste attività entro i confini della riflessione e dell'esercizio accademico oppure, come nel caso che abbiamo esaminato, all'interno del mondo dell'editoria, dove le ragioni del metodo si coniugano necessariamente con le prerogative dettate dal mercato e dalla sua domanda. In quest'ottica, Sansone appare pienamente cosciente sia degli obblighi stilistici nei confronti dell'autore da tradurre sia delle risorse immediate della lirica; tanto della propria vocazione di poeta e studioso quanto delle esigenze di una collana editoriale, che nella fattispecie gli richiede l'inserimento di paratesti e apparati di tipo critico (introduzione, note ecc.). È nell'economia di un progetto del genere che si spiega l'investimento di precise risorse linguistiche e retoriche, la distribuzione matura di competenze che abbracciano l'esperienza letteraria e il gusto del traduttore. Proprio da scelte ponderate in base a tutti questi aspetti emerge la poetica di Sansone, l'insieme di idealità e abilità contemperate nell'atto del tradurre, la sua strategia consapevole che, nei confronti di Garcilaso, ha al centro l'obiettivo della riproposizione di tutto il suo portato storico, di cui il tessuto ritmico e l'affresco sonoro costituiscono un nodo essenziale. Del resto, lo abbiamo sottolineato, spesso è proprio la musicalità il discrimine tra una versione riuscita e una meno riuscita. La sua è pertanto una metodologia nello stesso tempo *source-* e *target-oriented,* attenta alle ragioni della filologia e della creatività, dei suoi lettori e interpreti, ed è in una prospettiva come questa, in ultima analisi, che Sansone riesce a decostruire e poi ricostruire un sonetto della ricchezza di *Pasando el mar,* mediando in modo pertinente, ma flessibile, tra prescrizione e autonomia, etica ed estetica, senso e suono.

Bibliografia

Berman, A. (1984), *L'épreuve de l'étranger: culture et traduction dans l'Allemagne romantique: Herder, Goethe, Schlegel, Novalis, Humboldt, Schleiermacher, Hölderlin*, Paris: Gallimard.

Berman, A. (1999), *La traduction et la lettre ou l'auberge du lointain*, Paris: Seuil.

Boscán, J., de la Vega, G. (1995), *Obras completas*, edición y prólogo de Carlos Claveria Laguarda, Madrid: Turner.

Buffoni, F. (2004), La traduzione del testo poetico. In: Id. (a cura di). *La traduzione del testo poetico*. Milano: Guerini e Associati, 11–27.

Cerullo, L. (2013), Giuseppe Sansone traduttore di lirica romanza medievale. Contributo per la storia della traduzione poetica in Italia, *Carte romanze* 1/1, 245–293.

De la Vega, G. (1988), *Sonetti*, a cura di G. Sansone, Parma: Guanda.

Delisle, J., Lee-Jahnke, H., Cormier, M. (2002), *Terminologia della traduzione*, a cura di M. Ulrych, trad. di C. Falbo, M. T. Musacchio, Milano: Hoepli.

Dessons, G., Meschonnic, H. (1998), *Traité du rytme. Des vers et des proses*, Paris: Dunod.

GallegoMorell, A. (1972), *Garcilaso de la Vega y sus comentaristas: obras completas del poeta acompañadas de los textos integros de los comentarios de El Brocense, Fernando de Herrera, Tamayo de Vargas y Azar, edición, introducción y notas por Antonio Gallego Morell (segunda ed. revisada y adicionada)*, Madrid: Gredos.

Ghignoli, A. (2014), Il transautore nella comunicazione letteraria tradotta, *Testo a Fronte* 50, 31–47.

Lapesa, R. (1985), La trayectoria poética de Garcilaso. In: Id. (a cura di). *Garcilaso: estudios completos*. Madrid: Istmo.

Lefèvre, M. (2014), Pictura et poësis. Pellegrino Tibaldi traduttore di Garcilaso de la Vega. In: L. Frattale, M. Lefèvre, L. Silvestri (a cura di). *Libri, manoscritti, scartafacci e altre rarità. Omaggio a José Luis Gotor*. Firenze: Alinea, 45–61.

Lefèvre, M. (2016), Traduzione poetica e poetica della traduzione. Giovan Battista Conti e la riscrittura neoclassica di Garcilaso. In: M. Lupetti, V. Tocco (a cura di). *Traduzione e autotraduzione: un percorso attraverso i generi letterari*. Pisa: ETS, 40–66.

Lotman, J. (1985), *La semiosfera: l'asimmetria e il dialogo nelle strutture pensanti*, Venezia: Marsilio.

Macrì, O. (2002), La traduzione poetica negli anni Trenta (e seguenti). In: A. Dolfi (a cura di). *La vita della parola: da Betocchi a Tentori*. Roma: Bulzoni.

Mattioli, E. (1989), La traduzione di poesia come problema teorico. In: F. Buffoni (a cura di). *La traduzione del testo poetico*. Milano: Guerini e Associati, 30–31.

Meschonnic, H. (1999), *Poétique du traduire*, Lagrasse: Verdier.

Meschonnic, H. (2007), *Ethique et politique du traduire*, Lagrasse: Verdier.

Mounin, G. (1994), *Les belles infidèles*, Lille: Presses Universitaires.

Nardoni, V. (2015), Poeta-traduttore, traduttore-poeta e studioso: tre punti di uno stesso piano di lavoro. In: P. Taravacci (a cura di). *Poeti traducono poeti*. Trento: Università degli Studi di Trento, 147–161.

Prete, A. (2011), *All'ombra dell'altra lingua. Per una poetica della traduzione*, Torino: Bollati Boringhieri.

Rosso, M. (1990), *La poesía de Garcilaso de la Vega. Análisis filológico y texto crítico*, Madrid: Real Academia Española.

Sansone, G. (1989), Traduzione ritmica e traduzione metrica. In: F. Buffoni (a cura di). *La traduzione del testo poetico*. Milano: Guerini, 15–24.

Sansone, G. (1991), *I luoghi del tradurre. Capitoli sulla versione poetica*, Milano: Guerini e Associati.

Scotto, F. (2013), *Il senso del suono. Traduzione poetica e ritmo*, Roma: Donzelli.

Siles, J. (2014), La traducción poética como proceso creativo, *Anthropos. Cuadernos de cultura crítica y conocimiento* 242, 195–205.

Talens, J. (2000), *El sujeto vacío. Cultura y poesía en el territorio de Babel*, Madrid: Cátedra.

Taravacci, P. (a cura di) (2015), *Poeti traducono poeti*, Trento: Università di Trento.

Taravacci, P. (2017), Musica «de otros»: poeti traduttori di poeti. In: A. Fabiani, S. Arcara, M. D'Amore (a cura di). *Soggetti situati*. Pisa: ETS, 47–68.

Valesio, P. (1996), La poesía como traducción: transpoesía. In: P. Valesio, R.-J. Díaz (a cura di). *Literatura y traducción: caminos actuales*. Santa Cruz de Tenerife: Universidad Internacional Menéndez Pelayo, 27–48.

Vincenzi, G. (2010), *Per una teoria della traduzione poetica*, Macerata: EUM.

Vincenzi, G. (2015), La frontiera della traduzione e i perimetri culturali: recupero di Lotman, *Diacritica* 1/ 2, 152–165.

Vincenzi, G (2017), L'esperienza del confine nel «primo» Girondo, *Heteroglossia. Quaderni di Linguaggi e Interdisciplinarità* 15, 343–360.

Anne Marie Miraglia

University of Waterloo

Anglicisms, *Joual* and *Italiese* in Canadian Theatre

Abstract In this chapter, we discuss Anglicisms and their role in the creation of *joual* and *italiese*, two 'dialects' spoken in Canada. Although we refer to laws created to defend the integrity of the French language in Quebec against the influence and domination of the English language, our primary objective is to demonstrate that *joual* in French-Canadian theatre and *italiese* in Italian-Canadian theatre communicate the linguistic, cultural and economic alienation of Toronto and Montreal's urban labourers of the 1950s and 1960s. We also show how *italiese* can be used to translate *joual*, enrich the meaning of the original text while reaching a new audience.

Keywords: *Anglicism*; *Joual*; *Italiese*; *Canadian Theatre*

In his article "Mondialisation, Langues et Politiques linguistiques", the socio-linguist Louis-Jean Calvet, author of *Linguistique et Colonialisme: Petit traité de glottophagie* (1974), draws attention to the linguistic dimension of globalisation and, in particular, to the domination of the English language. Calvet argues that languages are fundamentally *unequal* because the value of each language depends on the strength of the political power that defends it. He identifies three spheres of language: international (global), national and regional (local), and observes that every decision made concerning a language has consequences on the other languages within its sphere. Calvet suggests that globalisation and the domination of English (a *global* language) puts at risk the future status, if not the very existence, of *national* languages.

Over the years, many laws and organisations have been created in France and in Canada to defend the French language (a *national* language in both countries) against *anglicismes* and 'American imperialism'. However, it is clear that the appropriation of foreign words is a natural part of the evolution of all languages and that with time many Anglicisms are no longer recognized as foreign words.

This study focuses on two 'dialects', *Joual* and *Italiese*, based largely on Anglicisms. Although *Joual* is derived from French (one of two official languages in Canada), and *Italiese* from Italian (a foreign language in Canada), these dialects are spoken in Canada by people whose socio-economic backgrounds are similar.

Joual and *Italiese* are spoken by poorly educated labourers who left behind farm lands in Quebec and in Italy to work in large Canadian cities such as Montreal (*Joual*) and Toronto (*Italiese*). These speakers of French in Quebec and of Italian in Ontario represent a linguistic minority within Canada and within North America. Constantly in contact with English speakers, they use Anglicisms to designate objects (i.e. muffins) and activities (i.e. baseball) that were previously unknown to them or did not exist in their native language. Studies of Anglicisms, calques, interferences and other words borrowed from the English language in *Joual* and *Italiese* indicate that these occur for the most part in the field of economic production (work) and consumption.

In the 2002 edition of her book, *La langue et le nombril Une histoire sociolinguistique du Québec*, Chantal Bouchard states that discussions on the French language in Quebec appear as early as 1817 in texts by Michel Bibeau, Quebec's first language historian (*"chroniqueur"*). Bouchard discusses the relation between language and cultural identity and affirms that the majority of Quebecers do not want to identify with *Joual* and that language, like religion and 'race', has always played a vital role in the question of Québécois identity.

After the Treaty of Paris in 1763, the French language spoken in Quebec evolved independently from the French spoken in France. Although the French in Quebec retained some lexical *"archaïsmes"* and *"provincialismes"* from 17th century French, it also embraced new words reflecting both the environmental differences between France and Canada and the influence of Amerindian languages. The most important factor in the development of the French vocabulary in Quebec, however, came from loan words (*"emprunts"*) from English, the dominant language in North America.

In the cities, agricultural workers became urban labourers. Contacts with English-speaking employers increased; and the spiritual values of traditional catholic French-Canadian society became less important compared to the economic values of the English. The same can be said of the experience of Italian immigrants who settled in large English-speaking Canadian cities such as Toronto.

Both Italian immigrants and French-Canadians understood the need to master the English language in order to escape poverty and improve their economic and social situation. More and more parents in Montreal demanded the teaching of English so that their children could pursue liberal professions, business, commerce and industry controlled by English speakers.

Many scholars cautioned against the numerous Anglicisms which threatened the French language in Quebec and elsewhere in Canada. Anglicisms were passed on to French-Canadians not only by Anglo-Saxon employers, but also by French-Canadian politicians and journalists.

However, French-speaking intellectuals considered *Joual* the language of Anglicisation, of industrialisation, of poverty and of servitude[1]. Moreover, the Anglo-Saxons' disdain for this "*patois*" was seen as an attack on French-Canadian identity. Unilateral bilingualism and diglossia became the norm for French-Canadians and immigrants such as Italian-Canadians living in the city. They spoke their 'mother language' at home, but they spoke English at work and in public.

Although bilingualism was at first deemed positive by French-Canadians who believed that competence in both languages would facilitate their access to better paying jobs and promotions, others understood it as the contamination of the French language by the dominant English language and therefore as a phase towards assimilation. English in the work place, English signage in public places and Anglicisms in the discourse of urban French-Canadians were all important contributors to the deterioration and decline of the French language in Quebec and Canada.

Bouchard notes that between 1910 and 1940 most French translations were done by English speakers in Toronto, and not by professional, native speakers of French[2]. However, she also remarks that the Anglicisation of French in Quebec began to diminish after 1960 thanks to strengthened contacts with France, the rapid increase in access to public education and especially the provincial government's efforts to "*franciser*" Quebec with laws imposing the use of French in signage and in the work place, and the transmission of French terms not commonly known by the average French speaker[3].

1. Different Types of Anglicisms

In general, Anglicisms occur typically at different levels of a language: lexical, morphological and syntactical. At the lexical level, it is a question of "borrowed words" ("*emprunts*") which may have French lexical equivalents (i.e. week-end = *fin de semaine*) or not (i.e. muffin). At the syntactical level, Anglicisms are apparent in erroneous expressions such as "*demander* [ask] *une question*" in place of "*poser une question*" or "*prendre* [take] *un cours*" in place of "*suivre un cours*". Anglicisms at the semantic level are evident with "*faux-amis*" (false

---

1   Bouchard 2002: 220.
2   Bouchard 2002: 164.
3   *Ibid.*: 258.

friends) – words which exist in French but to which are ascribed the English meaning of these words. For example, the incorrect use of *batterie* (instead of *pile*) in the sentence "*La batterie de ma montre est morte*". Bouchard argues, and I would agree, that the most insidious "*emprunts*" are those which affect the very structure of a language[4].

Today, as in the past, Anglicisms are perceived as a serious threat to the integrity of the French language and culture in Quebec. Over the years, several laws were created to protect the integrity of the French language and to elevate its status within Quebec and Canada. In 1910, for example, the Legislative Assembly of Quebec imposed the *loi Lavergne* rendering bilingualism obligatory in public services such as transportation where unilingual English had been the general rule. In 1927, the federal government printed the first 'bilingual' postage stamps. In 1937, there were campaigns for bilingual currency[5]. In 1953, there was a campaign in favour of bilingual cheques from the federal government.

These laws, however, were insufficient. In 1960, the publication of *Les Insolences du frère Untel* (pseudonym for Jean-Paul Desbiens) sparked much debate about the use of *Joual* and the deterioration of the French language in Quebec.

In 1961, 90% of children of immigrant families in Quebec were educated in English. Naturally, one of the first orders of business of Jean Lesage's Liberal government during Quebec's *Révolution tranquille* was to reform the school system, improve accessibility to education and modernise Quebec. In 1968, the *Commission scolaire de Saint-Léonard* made French education obligatory for the children of immigrants, a large number of which were of Italian origin and living in the eastern part of Montreal. As violence erupted in the area, Jean-Jacques Bertrand's *Union Nationale* created "*la loi 63*" and gave parents a choice in the language of education for their children. Opponents understood this law as the massive Anglicisation of immigrants in Quebec.

However, on July 9, 1969, Pierre Eliot Trudeau's government implemented a law making bilingualism obligatory for all government services. It favours the promotion of French speakers to government positions and thus makes learning French more useful for Anglophones. This law is also favourable to the French speaking minorities outside of Quebec (i.e. in Manitoba and in Ontario) and to the Acadians in New Brunswick.

Nevertheless, more and more Quebecers believed that only political independence could stop the Anglicisation of Quebec. In 1974, Robert Bourassa's

---

4   *Ibid.*: 171.
5   <https://en.wikipedia.org/wiki/1937_Canadian_banknote_series>.

Liberal government adopted *"la loi 22"* making French the only official language in the province of Quebec. Children of immigrants in Quebec were to be educated in French in order to be fully integrated in francophone society. Similarly, the language spoken in the work place, signage and labelling was restricted to French.

Although in 1977 René Lévesque's *Parti québécois* government implemented *"la loi 101"*, it became obvious that Quebecers needed to address the economic factors which gave Quebecers a negative image of themselves and drove immigrants towards the English language.

2. *Joual* in Literature

Literary texts such as Jacques Renaud's novel *Le Cassé* (1964) and Michel Tremblay's play *Les Belles Soeurs* (1968) used *Joual* not only to reflect the reality of that period but also to condemn the economic, cultural and linguistic alienation of Quebec's French speaking population. Tremblay's use of *Joual* in his plays is of particular interest in our discussion of *Italiese*.

3. Italiese

Italiese is the term coined in 1975 by the late dialectology specialist Gianrenzo P. Clivio to designate the individual idiolect of Italian-Canadians living in Toronto. *Italiese* designates, in general, the language spoken by Italian immigrants (and their older children) in English-speaking countries such as Canada, the United States and Australia. *Italiese* is composed of a mixture of the specific regional dialects of Italian immigrants originating from diverse rural areas of Italy such as Sicily, Calabria, Abruzzi, Veneto, Friuli etc. and of the English language as spoken in countries adopted by these Italian immigrants. In a 1986 publication, Clivio explains that

> An Italiese variant exists for each of the Italian dialects represented in Toronto. The loanwords occurring in common Italiese are by and large the same as those used in the various dialect variants; their phonetic shape is determined by the patterns of the individual dialects[6].

Over the years, several studies have appeared on *Italiese* and, in general, on the Italian language as spoken in different parts of the world by immigrants of Italian origin. For example, in 1947, A. Menarini published *Ai margini della lingua*;

---

6   Gianrenzo Clivio 1986: 133.

and in 2009, Giovanni Scarola published *L'italiese in Canada:considerazioni sul lessico*.

However, in Sydney, Australia, more than twenty-years earlier (in 1986), Camilla Bettoni edited *Altro polo – Italian abroad: Studies on language contact in English-speaking countries*, a volume offering a rich bibliography and various perspectives on the Italian language spoken abroad. Essays in this book explore the linguistic experiences of children of Italian immigrants in English schools, the degree of maintenance of the Italian language between generations, the variations of linguistic competence in Italian among "second generation Italian immigrants" and the manner in which the Italian language evolves in an English-speaking environment. The book also includes a chapter on the immigrant speaker's awareness of the transfer of English words within the Italian language and on the frequency of these transfers within formal and informal situations. The political issues surrounding the question of teaching the Italian language as a 'heritage language' to children of Italian immigrants or as a foreign language in English schools are explored in another chapter of *Altro-Polo*.

In 1995, Jana Vizmuller-Zocco of York University published a very interesting article comparing *Italiese* to Italian dialects and their relation to Standard Italian. In stressing that *Italiese* cannot be considered a new dialect of Italian, she argues that immigrants brought their *dialects* to Canada and *not* the Italian language. Her study therefore goes far beyond a discussion of the *Italiese* lexicon and the general knowledge that *Italiese* is composed of neologisms and syntactical calques, of lexical borrowing and linguistic interferences based on the English language.

In 2011, Mirella Pasquarella Clivio edited *Lingue in contatto e plurilinguismo nella cultura italiana* a volume based on the 2008 conference "Languages in Contact in Italian Culture". Several papers examine the question of Italian dialects spoken in Italy (such as *Arberesh*) as well as the Italian dialects spoken abroad.

Our interest in *Italiese* is here limited to the question of Anglicisms and, in particular, of words borrowed from English to speak of objects and activities not present in the Italian dialect spoken by poorly educated Italian immigrants to Canada (from Italy's rural regions) in the 1950s and 1960s. We believe that as with the *patois* of the French who first colonized Canada, *Italiese* will disappear progressively through education, acculturation, and formal instruction in Standard Italian.

In his study on *Italiese*, Clivio distinguished between borrowed lexical items that undergo phonetic and morphological assimilation, lexical items that are unassimilated, and lexical items that manifest a change in semantic value. He notes that *Italiese* is mainly made up of English nouns that have been phonetically and morphologically transformed. For example, the *Italiese* word "*storo*" (= store) is used rather than "*negozio*"; "*bega*" (= bag) instead of "*sacco*", and "*morghejo*" (= mortgage) is used in place of the Standard Italian "*ipoteca*".

In his article "The unique dialect of Toronto's Italian community is getting some respect", Deirdre Kelly describes *Italiese* as a "commingling of Italian and English (*inglese*), a mongrel tongue, born and practiced in the Toronto area". Kelly cites Domenico Pietropaolo who states that *Italiese* is a "dialect unique in the world, as valid as all the other languages in that it is a tool of survival describing the process of integration for the first generation of immigrants to Toronto". Together, Domenico Pietropaolo and Salvatore Banchiere edited the *G. P. Clivio On-line Dictionary of Italiese*, accessible on a University of Toronto webpage[7] in 2009.

Kelly insists on "the specific cultural meaning" of *Italiese* "as the language of immigrants who came to Canada in the 1950s and 1960s". However, despite Kelly's efforts to give a positive spin to this hybrid 'language' spoken in Canada by Italian labourers from rural Italy, it remains clear that, as with *Joual* spoken in Montreal by Quebecers, many immigrants of Italian origin and especially their descendants feel a sense of shame and betrayal in speaking *Italiese*. We will return to this perception after a brief discussion on the use of *Italiese* in theatre.

In 2008, Diana Iuele-Colilli and Christine Sansalone, two professors of Italian language at Laurentian University in Sudbury, Ontario, wrote and presented the play *I panni sporchi si lavano in famiglia*. This play was reviewed and described by Marco Zanelli as a "wonderful farce" that uses *Italiese* – "this ingenious linguistic technique for comic purposes". The play "acts as a kind of historical record of a linguistic tradition that developed with the arrival of the Italian immigrant. The piece is also a means of bringing this linguistic tradition and 'language' to light"[8]. The play contains two subplots based on two themes: 1) "only Italian men are good enough for Italian daughters" and 2) "woe to him who cheats on an Italian father's pride and joy"[9].

Stressing that it is "somewhat necessary to have knowledge of both Italian and English or of *Italiese* itself to fully appreciate the humour of this splendid comedy"[10], the author delights in the use of *Italiese* in *I panni sporchi si lavano in famiglia*:

---

7   See: <http://italianstudies.utoronto.ca/iacobucci-centre/italiese-dictionary/>.
8   Zanelli 2009: 144–145.
9   *Ibid.*: 145.
10 *Ibid.*

The true genius of the play, however, lies in the 'Italiese' itself. Everyone's afraid that Peppino is getting so worked up that he is going to have an 'ardattacco' ('heart attack'). A few of the characters are told to 'sciaruppa' ('shut up'). Stefania enters Maria's [...] hair salon, asks for a 'trimmi' ('trim'), gets a little 'ersprei' ('hairspray') and then asks 'ou much' ('how much'). Brian's foot was 'smesciato' ('smashed') by a 'trocco' ('truck') and is going to need an 'operèscena' ('operation'), but he has no 'sciuranza' ('insurance'). At one point while preparing dinner Teresa gets a 'giarra' ('jar') of sauce. Filomena [...] tells everyone to 'arriappa' ('hurry up') because of Peppino's imminent arrival. During the saying of the weekly rosary, Tosina, eager to spread the gossip of Ercole's very visible affair, asks the whereabouts of Peppino. She is told he needed to go (but in reality duped into leaving) to do a big 'giobba' ('job'). He needed to 'ficsare' ('fix') a broken 'pippa nel basamento' ('pipe in the basement') of the church[11].

It is clear from Zanelli's review of *I panni sporchi si lavano in famiglia* that *Italiese*, like Michel Tremblay's use of *Joual* in *Les Belles Soeurs* (1968), works very well in comedy. However, *Joual* in Tremblay's theatre is also symptomatic of a certain dispossession of one's language and cultural identity, of the economic domination and political and cultural alienation of the French-Canadian working-class in Montreal. Michel Tremblay uses *Joual* in comedies such as *Les Belles Soeurs* but also in plays that are consistently tragic such as *A toi, pour toujours, ta Marie-Lou*.

That said, it is interesting to note that Michel Tremblay's *A toi, pour toujours, ta Marie-Lou* was translated into Standard Italian and not into a form of *Italiese* by the members of Toronto's Italian-Canadian theatre group, *La Compagnia dei Giovani*[5]. This theatre group was established in 1970 by a group of University of Toronto students of Italian origin. Tremblay's *A toi, pour toujours, ta Marie-Lou* was published in 1971. Before its performance of *Tua per sempre, Marilù*, the *Compagnia dei Giovani* had only presented Italian plays.

Although the Italian translation was never published, *Tua per sempre, Marilù* was performed in March 1979 in front of two culturally and linguistically distinct audiences, one in Toronto and the other in Rome. In another publication, I argued that Michel Tremblay's play should have been translated and performed in *Italiese*, regardless of the particular dialect at its base and regardless of the nature of the ('Italian-speaking') audience present at the time of the performances.

La Compagnia dei Giovani's performance of *Tua per sempre, Marilù* at the Hart House Theatre of the University of Toronto and at the *Teatro Goldoni* in Rome in 1979 were important not only for the *Compagnia dei Giovani* but also

---

11　*Ibid.*

for the recognition of Québécois literature in English Canada and in Europe. In this context, it is interesting to note that the performance of *Tua per sempre, Marilù* in Rome (from March 19 to March 22, 1979) took place *before* the performance of *A toi, pour toujours, ta Marie-Lou*, in Paris, on October 16, 1979. It is also important to note that the performances in Paris of both Tremblay's *Les Belles-sœurs* (in 1973) and *A toi, pour toujours, ta Marie-Lou* (in 1979) took place in *Joual* and not in Standard French and this is thanks to the perseverance of Michel Tremblay himself who refused to have his plays performed in Standard French.

Ten years later, in 1989, in Scotland, Martin Bowman and Bill Findlay translated *Les Belles-Soeurs* (*The Guid Sisters*) and other plays by Tremblay not into Standard English but into Gaelic. Bowman and Findlay perceived many similarities between Quebec's and Scotland's struggles against acculturation, the domination of the English language and its threat to their linguistic and cultural heritage.

In an informal interview with me, members of *La Compagnia dei Giovani* explained they chose to perform *A toi, pour toujours, ta Marie-Lou* because of the numerous similarities they perceived between Michel Tremblay's portrayal of the cultural, economic and linguistic situation of the Québécois and that of Italian-Canadians labourers who, much like the French-Canadians, had left behind an agricultural milieu to settle in large Anglo-Saxon, protestant cities. These affinities were based on views of French-Canadians and Italian-Canadians as religious (Catholic), cultural and linguistic minorities dedicated to family values and dominated by the economic and political might of an Anglophone, protestant majority committed to individualism and materialism. The similarities between Italian-Canadians and the Québécois of the 1960s and 1970s can explain the success of *Tua per sempre, Marilù* in Toronto where the reaction of the Italian-Canadian audience according to Mariella Bertelli (a member of *la Compagnia dei Giovani*) was "visceral" because this audience saw in Tremblay's play a reflection of the Italian-Canadian family's cultural alienation, the exploitation of Italian-Canadian labourers, the oppression of marital sexual relations by the Church, and the exasperation of the "generation gap" due to the multiple temptations of city life in North America.

In Rome, however, *Tua per sempre, Marilù* did not receive a passionate reception: the play's social themes articulated in Standard Italian, were considered "*dépassés*", old, irrelevant. Although the audience in Rome did not identify or relate to Tremblay's characters, it did appreciate Tremblay's exploitation of various theatrical techniques such as the simultaneous representation of two distinct moments in time, the use of lighting to indicate flashbacks to conversations and scenes of 1961 which continue to haunt the conversations and scenes situated in 1971.

La Compagnia dei Giovani chose to perform *Tua per sempre, Marilù* in Standard Italian rather than in *Italiese* both in Toronto and in Rome. However, I remain convinced that *Italiese* would have expressed more successfully the assimilation and economic alienation that Italian-Canadians and French-Canadians experienced in large Canadian cities (Toronto and Montreal) dominated by English-speakers. Had the group adopted *Italiese* to translate and perform Michel Tremblay's play, the audience in Rome would have attributed a greater interest in the play's themes and in the play's language to express economic and cultural domination: too many families living in Italy lost family members to emigration. This is the case again today.

Tua per sempre Marilù would have taken on a new dimension in *Italiese*. Even though the representation of the immigrant experience was not at all Michel Tremblay's intention, the use of *Italiese* would have offered a window, provoked some reflection on the experience of Italian-Canadian immigrants in Canada. In its rejection of *Italiese*, *La Compagnia dei Giovani* failed to convey the depth and complexities of the denunciations at the heart of Tremblay's playwriting. The use of Standard Italian in translation can only transmit a discourse on the exploitation and dehumanization of the working poor. But Tremblay's working-class French-Canadians also contend with acculturation and with numerous attacks on their distinct identity, on their cultural and linguistic differences. *Les Belles-Soeurs* and *A toi, pour toujours, ta Marie-Lou* relate above all else the humiliation and dispossession of a linguistic and cultural minority by a dominant Anglo-Saxon powerhouse. *Joual* and *Italiese* are both linguistic characteristics of the process of acculturation.

An *Italiese* translation of Tremblay's play would have allowed *La Compagnia dei Giovani* to insist on the similarities in the 1950s, 1960s and 1970s between Italian-Canadians and French-Canadians while bringing to the audience in Rome various insights into the experience and language of Italian emigrants; and a sense of solidarity with French-Canadians to the Italian-Canadian audience in Toronto.

Both *Joual* and *Italiese* are primarily oral languages and as such find their best mode of expression in theatre. However, unlike *Joual*, there are, as we have noted, different forms of *Italiese*. I admit the translation of *Joual* into the Calabrese or the Sicilian form of *Italiese* could influence the meaning and the impact of the play. The Italian translators of *A toi, pour toujours, ta Marie-Lou*, claim to have chosen Standard Italian to facilitate comprehension for the audience in Toronto and in Rome. But I do not think that the audience in Rome would have greater difficulty in understanding Tremblay's play in *Italiese* than the audience in Paris who watched Tremblay's plays performed in *Joual*. I believe that the very "difficulties" posed by the use of *Joual* in Paris and *Italiese* in Rome contribute to a greater understanding of the socio-political message of Michel Tremblay's plays.

It seems to me that in rejecting *Italiese*, *La Compagnia dei Giovani*, for the most part students of Italian Studies, expressed unconsciously their sense of shame towards this new 'dialect', this 'language of survival' created by their uneducated, working-class parents struggling to 'make it' in the factories and construction sites of their new country of adoption.

Bibliography

Bancheri, S., Pietropaolo, D., *Italiese*. In Id. (eds.): G. P. Clivio Online Dictionary. Available at: http://italianstudies.utoronto.ca/iacobucci-centre/italiese-dictionary/ [accessed 15/05/2018].

Bettoni, C. (ed.) (1986), *Altro polo – Italian Abroad: Studies on Language Contact in English-Speaking Countries*, Sydney: University of Sydney, Frederick May Foundation for Italian Studies.

Bouchard, C. (2002), *La Langue et le nombril: l'histoire sociolinguistique du Québec*, Anjou: Editions Fides.

Calvet, L.-J. (1999), *Pour une écologie des langues du monde*, Paris: Plon.

Calvet, L-J. (2002) [1974], *Linguistique et colonialisme, petit traité de glottophagie*, Paris: Petite Bibliothèque Payot.

Calvet, L-J. Mondialisation, langues et politiques linguistiques. Available at: http://www.gerflint.fr/Base/Chili1/Calvet.pdf [accessed 05/15/2018].

Clivio, G. P. (1985), Su alcune caratteristiche dell'italiese di Toronto, *Il Veltro* 29, 483–493.

Clivio, G. P. (1986), Competing Loanwords and Loan Shifts in Toronto's *Italiese*. In: C. Bettoni (ed.). *Altro polo – Italian Abroad: Studies on Language Contact in English-Speaking Countries*. Sydney: University of Sydney, Frederick May Foundation for Italian Studies, 129–146.

Clivio, M. P. (ed.) (2011), *Lingue in contatto e plurilinguismo nella cultura italiana*, New York-Ottawa-Toronto: LEGAS.

Confiant, R. (2000), Traduire la littérature en situation de diglossie, *Revue de traduction Palimpsestes* 12, 49–59.

Dargnat, M. (2002), *Michel Tremblay: le «joual» dans Les Belles-Sœurs*, Paris: L'Harmattan.

Desbiens, J.-P. (1960), *L'Insolence du frère Untel*, Montréal: Les Editions de l'Homme.

Fishman, J. A. (1967), Bilingualism with and without Diglossia, Diglossia with and without Bilingualism, *Journal of Social Issues* 32, 29–38.

Gioran, H., Richard, A. (eds.) (1976), *Diglossie et Littérature*, Bordeaux-Talence: Maison des Sciences de l'Homme d'Aquitaine.

Gauvin, L. (1997), *L'Ecrivain francophone à la croisée des langues Entretiens*, Paris: Editions Karthala.

Istituto Italiano di Cultura Toronto (2010), Italiese. Available at: https://www.youtube.com/watch?v=B0iAFNYZPjE [accessed 15/05/2018].

Kelly, D. (2007), Say it in *Italiese*. The unique dialect of Toronto's Italian community is getting some respect, *The Globe and Mail*, March 3.

Lockerbie, I. (2005), The Place of Vernacular Languages in the Cultural Identities of Québec and Scotland, *The British Journal of Canadian Studies* 18/2: 231–245.

Marcel, J. (1973), *Le Joual de Troie*, Montréal: Editions du Jour.

Miraglia, A. M. (2006), La Place de l'italiese dans la traduction du joual en Italie et au Canada. In: N. Armstrong, F. M. Federici (eds.). *Translating Voices, Translating Regions*. Rome: Aracne, 409–421.

Scarola, G. (2007), L'Italiese in Canada: considerazioni sul lessico. Vaughan, On: Graphics, 2009.

Tremblay, M. (1965), *Les Belles-sœurs*, Montréal: Leméac.

Tremblay, M. (1971), *A toi pour toujours, ta Marie-Lou*, Ottawa: Leméac.

Tremblay, M., Lepouceux, A. (2008), Histoire de la langue québécoise – le joual 2/3. Available at: https://www.youtube.com/watch?v=lf7kw_kKvWk [accessed 15/05/2018].

Vizmuller-Zocco, J. (1995), The Languages of Italian-Canadians, *Italica* 72/4 (Winter), 512–529.

Zanelli, M. (2009), *I panni sporchi si lavano in famiglia* by D. Iuele-Colilli, C. Sansalone, *Italica* 86/1 (Spring), 144–146.

Annafrancesca Naccarato

Università della Calabria

De la quête linguistique à la quête symbolique. Traduire *Ulysse* de Benjamin Fondane en italien

Abstract The "re-enunciation" (Meschonnic 1973: 365) entailed by the work of translation is doubtless one of the most important hermeneutical processes allowing to establish
relation between the internal approach of the text and the external perspective of its translation into a target language, within the same heuristic objective. In this contribution we
analyse the challenges encountered in the Italian translation of the collection *Ulysse* by
Benjamin Fondane, a Francophone Romanian migrant author. Specifically, starting from
some contributions in the field of French Translation Studies, we describe how we tried
to maintain the stylistic and thematic complexity of the original in the target text. In the
first part, we describe the theoretical foundations that guided our process of translation.
This will allow us to illustrate, in the second part, the solutions we adopted with specific
reference to some of the most significant passages in the source text. Fondane's linguistic
choices rest on specific semantic isotopies and as a result present a series of secret corre-
spondences that can only be revealed by deep and careful study. The Italian translation of
the French text entailed a preliminary process of critical analysis of the original at the levels
of both the signifier and the signified. This allowed for the identification of the "meaningful
points" where, in Berman's words, "a work achieves its own objective and arrives at its own
centre of gravity" (Berman 1995: 70). It is our opinion that the analysis of the criteria of
"re-enunciation" of a language with a complex aesthetics and carrier of an almost unsayable
experience, becomes not only a tool for analysing the mechanisms inherent in the practice
of translation. Also and most importantly, it offers a privileged point of access to a deeper
understanding of the original text and of the deep meanings it contains.

Keywords: *Translation*; *Poetry*; *Metaphor*; *Image*; *Sounds*

La «ré-énonciation»[1] traductrice est sans doute l'un des processus herméneu-
tiques les plus importants qui permet de conjuguer, dans la même visée heuristique, l'approche interne du texte et la perspective externe de sa restitution
en langue d'arrivée. Dans notre contribution, nous nous proposons de nous

---

1   Meschonnic 1973: 365.

interroger sur les problématiques liées à la traduction italienne du recueil
Ulysse de Benjamin Fondane, un auteur qui appartient à la littérature roumaine
migrante francophone. En particulier, à partir des apports de la traductologie
française, nous nous arrêterons sur les modalités nécessaires pour restituer, dans
le texte d'arrivée, la complexité stylistique et thématique caractérisant l'original.
Dans une première partie, nous préciserons les fondements théoriques qui ont
guidé notre démarche traductrice pour illustrer, dans une deuxième partie, les
solutions que nous avons adoptées face aux passages les plus significatifs du texte
de départ.

L'écriture fondanienne repose sur des choix linguistiques liés à des isotopies
sémantiques spécifiques et présente toute une suite de correspondances secrètes
que seule une étude profonde et attentive peut dévoiler. La traduction du français
à l'italien a ainsi comporté un travail préalable d'analyse critique de l'original,
afin d'aboutir à une interprétation de l'œuvre permettant de repérer les «zones»
où, comme l'écrit Berman, elle «atteint sa propre visée et son propre centre de
gravité»[2]. L'examen des critères de «ré-énonciation» dans une langue autre d'un
texte présentant une esthétique complexe et exprimant une expérience presque
indicible, se change, d'après nous, non seulement en un instrument d'analyse
des mécanismes qui sous-tendent la pratique de la traduction, mais aussi et surtout en une voie privilégiée pour approfondir la connaissance de l'original et des
signifiés profonds qu'il recèle.

1. Pour une approche de la traduction

Notre travail de restitution de la poésie française de Benjamin Fondane en italien s'appuie sur une conception de l'acte traductif et de ses tâches développée
surtout à partir des apports de la traductologie française et provenant aussi de
nos études précédentes sur l'analyse critique des traductions d'œuvres littéraires
et philosophiques. Notre démarche s'inspire ainsi de principes théoriques bien
définis constituant les fondements des solutions que nous avons adoptées afin de
reproduire les traits «qui *individuent* l'écriture et la langue de l'original»[3] et qui
engendrent un réseau de «corrélations systématiques»[4]. L'examen stylistique et
thématique d'*Ulysse* a montré que les contenus qu'il véhicule sont étroitement
liés à des modalités expressives spécifiques qui réussissent à créer une esthétique

---

2   Berman 1995: 70.
3   Berman 1995: 67.
4   *Ibid.*

nouvelle – centrée sur une vision très particulière de la création littéraire – et dont toute ré-énonciation traductrice ne peut faire abstraction.

La pratique de la traduction ne constitue pas un processus linéaire correspondant tout simplement à la transposition d'un texte d'une langue de départ à une langue d'arrivée. Comme l'observe Marie-France Delport, «la traduction implique, évidemment, le passage des "mots de départ", des énoncés auxquels la langue de départ a permis de donner forme, à la représentation d'une expérience qui sera à son tour "mise en mots", versée dans les moules qu'offre la langue d'arrivée»[5]. C'est «la tension psychologique qu'implique un tel travail mental de reformulation (*rewording*) quand il lui faut ainsi rompre toutes les amarres d'avec les formes de l'énoncé-source»[6] qui, selon nous, constitue le fondement de tout un système de déformations qui opère parfois dans certaines traductions, en les empêchant d'atteindre leur vraie visée. Le traducteur peut s'appuyer sur une représentation personnelle du message de départ[7] et chercher à l'exprimer par les moyens les plus conformes aux usages habituels dans la langue d'arrivée[8]. Cette tendance agit à travers toute une série de mécanismes, ou figures de traduction, qui produisent un écart par rapport au degré zéro de la traduction littérale, mais qui dans certains cas – paradoxalement – banalisent la spécificité de l'original:

> Ces mécanismes récurrents [...] constituent ce qu'on a, ailleurs, choisi d'appeler des "figures de traduction". Figures qui se définissent par rapport à un degré zéro, non marqué, exempt de ces écarts: la traduction "littérale" pourrait alors se définir, précisément, comme ce degré zéro, cette absence de figure de traduction[9].

En se soumettant, consciemment ou non, à la logique qui structure la langue d'arrivée, les traducteurs semblent souvent vouloir mettre de l'ordre dans le texte-source et ils utilisent les constructions syntaxiques réputées les plus adéquates à ce qu'ils prennent pour référence: ils rendent aux vocables leurs places, rétablissent leurs affinités causales, explicitent les liens logiques. Ces présupposés

---

5   Delport 2010: 33.

6   Ladmiral 2005: 482.

7   Cf. Seleskovitch, Lederer 2001: 7–115; Ladmiral 2005: 473–485.

8   «L'esprit qui traduit s'emploie, par artifice presque immédiat, à se remettre dans la situation de celui qui n'a qu'à verbaliser ce qu'il éprouve ou ce qu'il pense. Il annule de la sorte ce que, littéralement, dit le texte original et n'en retient plus que ce dont il parle. De là qu'il se jette si fréquemment, pour une situation donnée et qu'il entend rapporter, dans la façon de dire "la plus naturelle", "la plus spontanée", "la plus directe", "la plus droite" ou, lui semble-t-il, "la plus adéquate". De là qu'il cède à l'*orthonymie* (*orthos* "droit" et *onoma* "nom")» (Chevalier, Delport 2010: 262).

9   Chevalier 1995: 74.

expliquent alors l'importance, pour le traducteur, de «parcourir une étape sup-
plémentaire qui vient après la saisie du sens et qui le pousse, tout en respectant
le génie de la langue d'expression, à se rapprocher des formes initiales»[10], surtout
lorsque ces formes contribuent à la création et à l'organisation des contenus.

Notre traduction d'*Ulysse* a été précédée d'un examen approfondi de la poésie
française de Benjamin Fondane, ce qui nous a permis de vérifier que la complexité thématique qui la caractérise est liée à la présence d'une relation incon-
tournable entre le plan du contenu et celui de l'expression. Par conséquent, en
restant liée aux mots, nous avons essayé de restituer – quand cette opération a été
possible – la relation qui unit le sens à l'écriture, afin de reproduire ces passages
de l'œuvre qui constituent «les lieux où elle se condense, se représente, se signifie
ou se symbolise»[11]. En effet, d'après nous, c'est le manque d'une phase préalable
et fondamentale d'analyse critique de l'original qui favorise le surgissement des
figures de traduction. Il s'agit de mécanismes qui tendent à «normaliser» le texte
de départ, à l'amender de ses étrangetés et à le ramener à une vision reconnue
et partagée du monde et des choses. En outre, elles agissent en proposant des
modalités d'écriture conventionnelles et en accord avec les règles normalement
imposées par la langue d'arrivée et avec les usages prédominants. La logique
qui sous-tend leur réalisation suit ainsi un parcours inverse par rapport à celle
qui fonde l'écriture de départ. Les phénomènes d'explicitation, de retranchement, de changement de sujet qui caractérisent souvent la pratique traductrice
se heurtent à la fonction heuristique de redescription de la réalité que certains
choix expressifs peuvent avoir, ainsi qu'au pouvoir d'amplification ontologique
qu'ils confèrent au langage.

Notre étude ne vise pas la mise au point d'un modèle traductif forcément
littéral et ayant comme objet la reproduction mot-à-mot de l'original. Comme
le montrent les exemples que nous allons proposer, dans certains cas, l'opération
de «chimie linguistique»[12] que la traduction comporte peut obliger le traducteur
à des choix nécessaires, qui conditionnent le transfert des stylèmes typiques du
texte de départ, mais ces choix peuvent être rééquilibrés par des procédés de
compensation. La suppression d'un terme ou d'une structure en un point du texte
peut s'accompagner de l'insertion du même terme ou d'un terme équivalent en
un autre point, où la langue d'arrivée peut mieux l'accueillir; en outre, un élément littéralement intraduisible peut être remplacé par un élément qui lui est

---

10 Lederer 2001: 63.
11 Berman 1995: 70.
12 Cigada 1982: 196.

homologue. Ces modalités ne correspondent pas à des escamotages trahissant le caractère lacuneux de l'acte traductif, mais elles définissent le sens même de la traduction, étant donné *«qu'elle rencontre de l'intraduisible linguistique (et parfois culturel) et le dissout en réelle traduisibilité littéraire sans passer, bien sûr, par la périphrase ou une littéralité opaque»*[13].

2. Une parole ulyssienne

Les vers qui composent *Ulysse*[14] évoquent un parcours existentiel complexe, qui est en même temps individuel et collectif: le thème du voyage, en tant qu'événement réel, mais aussi métaphore de la vie et de la création artistique, fait coïncider l'expérience de l'écrivain avec celle des émigrants, hommes traqués, persécutés, sans patrie et dont le destin évoque le drame du peuple juif. L'imaginaire aquatique, qui hante le poème, reprend et transmute la matrice archétypale du déplacement et de l'exil; il s'agit d'une eau triste, tragique, qui semble annoncer la déportation et la mort[15] et qui devient l'emblème d'existences sans racines, mobiles, en proie à l'incertitude et condamnées à la rencontre avec l'absurde et le mal absolu. La parole poétique devient elle aussi «mouvante», presque «liquide» et engendre une succession d'images qui se changent en de véritables visions exprimant toute la douleur d'un être qui a perdu son centre et auquel ne reste qu'une «patrie imaginaire»[16].

La figure d'Ulysse, telle qu'elle est évoquée par le poète de Iaşi, se plie à la description d'un périple existentiel qui renverse inévitablement le cycle homérique[17]. C'est plutôt chez Dante que Fondane a trouvé l'image d'un esprit hanté par la recherche de l'inconnu et qui n'hésite pas à avancer jusqu'au bord du «gouffre»[18]. En effet, le poète évoque les étapes d'un voyage sur «une route/ qui avance et ne finit pas»[19]; il nie toute possibilité de retour et aspire à franchir les confins du réel: «Il n'y a pas assez de réel pour ma soif!» (44). Il ne s'agit plus «de l'homme qui renonce» (150) et qui revient dans la terre d'origine. Pour les

---

13 Berman 1984: 303.
14 En ce qui concerne la genèse d'*Ulysse*, voir en particulier les études de Monique Jutrin (Jutrin 2008: 117–129). À ce propos, voir aussi Fondane 2013: 215–218.
15 Cf. Vanhese 2011: 16.
16 Simion 2011: 6.
17 Cf. Vanhese 1993: 82–87.
18 Cf. Jutrin 1998: 71–78.
19 Fondane 2014: 86. Nous utiliserons ici l'édition d'*Ulysse* qui date de 2014. Dorénavant, toutes les citations extraites de ce texte seront suivies directement de l'indication de la page.

fantômes, pour les ombres il n'y a aucun port: ils vivent «accrochés à l'air» (54) ou en proie à l'eau, une eau violente, mortifère, qui «exige des volontaires» (54); ils n'ont pas une déesse à leurs côtés, mais avancent seuls, dans l'«hiver de Dieu»[20].

«J'étais un grand poète né pour chanter la Joie/ – mais je sanglote dans ma cabine,/ des bouquets d'eau de mer se fanent dans les vases/ l'automne de mon cœur mène au Père-Lachaise» (34): les premiers vers d'*Ulysse* scellent l'opposition entre un passé où l'on pouvait encore «chanter la Joie» et un présent décrit par des images négatives, de décomposition et de mort. Comme l'affirme Olivier Salazar-Ferrer, «*Ulysse* commence par un chant brisé»[21]. La parole poétique, remplacée par le sanglot, semble avoir perdu toute signification: «Pourquoi chanter à tue-tête?» (34). Toutefois, «une force obscure» rompt le silence et demande à celui qui en est l'instrument de ne pas céder, de ne pas se résigner au vide et à l'absence: «Il ne faut pas céder. Pas d'issue, pas d'issue!/ Ils doivent périr ou vaincre ceux qui n'ont point d'issue!» (36). Effectivement, le poème se développe en oscillant entre le découragement et la révolte, la recherche d'un «centre» et la dispersion, l'identité et l'altérité. L'écrivain assimile son expérience à celle des émigrants et dans le périple des émigrants s'inscrit celui des juifs: «je suis de votre race,/ j'emporte comme vous ma vie dans ma valise,/ je mange comme vous le pain de mon angoisse» (80). Il s'agit d'existences niées, obligées à un exil permanent, condamnées à l'instabilité et à la recherche d'un port qui est introuvable: «Nous ne parlons aucune langue,/ nous ne sommes d'aucun pays,/ notre terre c'est ce qui tangue/ notre havre c'est le roulis» (82).

Le besoin d'attester une appartenance, de reconnaître et de réaffirmer des origines, contraste avec l'expérience du déracinement et de la division, renforcée par la structure discontinue du poème qui, dans certains passages, semble traduire une sorte de dissolution du moi: «qui est-ce qui marche en moi?» (110); «Le monde est là peut-être, mais suis-je bien en lui?/ Je passe et il ne reste rien dans le miroir,/ pas même un trou» (170). Le vide et l'égarement, l'incertitude, l'intuition tragique et prophétique de la fin («les hyènes me suivent de leur regard en brosse:/ qui leur a dit que je serai cadavre un jour?», 110) n'aboutissent pas cependant à un sentiment de résignation: «je ne demande plus quel est le sens du monde,/ je pose mon poing dur sur la table du monde,/ je suis de ceux qui n'ont rien, qui veulent tout/ – je ne saurai jamais me résigner» (80). En dépit du mal, de l'inexorable et de l'absurde, une voix résonne dans le désert. La parole résiste, mais la Muse se transforme en Pythie et le chant, devenu un cri, pressent

---

20 Fondane 2006: 196.
21 Salazar-Ferrer 2004: 18.

les terreurs du gouffre et annonce un silence nouveau: «Je n'ai plus que mon sang pour t'allaiter, poème.../ Tu es si lasse, ô voix qui crie dans les déserts» (172).

«Ce chant du chant brisé»[22] met en mouvement des relations de sens inédites et inattendues qui tentent une sorte de redescription du réel et qui engendrent toute une suite de correspondances, au niveau du signifiant et au niveau du signifié, aptes à créer «un langage dans le langage»[23] constituant l'essence même de l'écriture fondanienne et correspondant à ce que, d'après le poète de Iași, «on ne peut pas traduire»[24]: «Les mots se meurent de changer de bouche» (50), affirme-t-il dans la deuxième section d'*Ulysse*. Par conséquent, en prenant la responsabilité de traduire le poème, nous nous sommes attelée à une tâche très difficile, celle de donner aux mots une vie nouvelle. Notre travail a été centré sur le respect ou, au moins, sur un certain respect des formes de départ, vu que les isotopies sémantiques sur lesquelles l'original est axé sont inséparables des structures linguistiques utilisées pour les exprimer. En évitant toute sorte d'amplification, d'explicitation ou de retranchement, nous avons essayé de restituer – quand la langue d'arrivée l'a permis – les rapports complexes qui unissent le sens à l'écriture, sans céder à la tentation de la paraphrase ou de «l'annexion»[25]. Comme l'affirme Berman, «toute œuvre comporte un texte "sous-jacent", où certains signifiants clefs se répondent et s'enchaînent, forment des réseaux sous la "surface" du texte [...]. La traduction qui ne transmet pas de tels réseaux *détruit* l'un des tissus signifiants de l'œuvre»[26].

3. Traduire les métaphores

Dans *Ulysse*, nous avons repéré une vaste gamme de métaphores du substantif, du verbe et de l'adjectif qui permettent à la parole poétique de franchir les limites normalement imposées par les usages linguistiques «simples et communs» et qui favorisent l'accès à des signifiés profonds et nouveaux[27]. En juxtaposant des réalités souvent incompatibles, la figure analogique réussit à brouiller les catégories sémantiques normalement reconnues et réalise des formes de recatégorisation conceptuelle qui remplissent une fonction heuristique de redescription de

---

22 Salazar-Ferrer 2004: 18.
23 Fondane 2004: 77.
24 *Ibid.*
25 Meschonnic 1973: 308.
26 Berman 1999: 61–63.
27 En ce qui concerne l'analyse des métaphores d'*Ulysse*, voir en particulier nos études (Naccarato 2010: 141–166; Naccarato 2011: 170–177).

la réalité. En outre, en faisant fusionner un moment verbal et un moment non verbal, elle développe les potentialités iconiques des ressources linguistiques et crée de véritables images qui contribuent à la manifestation presque sensible du référent dans l'écriture.

Le sens de l'énoncé métaphorique «est suscité par l'échec de l'interprétation littérale»[28], par une «auto-destruction du sens»[29] qui «est seulement l'envers d'une innovation de sens au niveau de l'énoncé entier, innovation obtenue par la "torsion" du sens littéral des mots»[30]. La nouvelle pertinence sémantique qu'il établit – en laissant de côté les concepts préalablement acquis ainsi que les relations référentielles habituelles – se change ainsi en un va-et-vient entre deux interprétations possibles, l'une littérale, l'autre métaphorique et nous permet d'accéder à une vision dynamique du sens, au mouvement d'une pensée qui dépasse l'ordre normal des choses et qui propose un mode alternatif d'enracinement dans la réalité. Ces présupposés expliquent la fonction essentielle que la figure remplit dans la poésie de Benjamin Fondane qui propose, comme nous l'avons déjà remarqué, une esthétique nouvelle et réclame la création d'un langage apte à pallier et à racheter l'impuissance de l'expression directe[31].

Les métaphores-images disséminées dans *Ulysse* sont premièrement des créations du langage. En effet, si la valeur de message de l'énoncé métaphorique ne coïncide pas avec son signifié linguistique, mais correspond à une interprétation particulière dans un texte ou dans un contexte donnés, «c'est la structure linguistique des énoncés tropologiques [...] qui crée les conditions de possibilité du transfert et des formes spécifiques qu'il acquiert»[32]. Par conséquent, nous avons essayé de restituer le plus fidèlement possible les occurrences de départ qui se caractérisent par la présence de métaphores «vives»[33], comme le dit Ricœur, ou «projectives»[34], selon la terminologie de Prandi; elles ne proviennent donc pas d'analogies définies conceptuellement (reposant sur un système de similarités reconnues et partagées) ou structuralement (utilisant les relations engagées dans l'articulation du lexique), mais créent des relations inédites et inattendues qui dépassent les schémas catégoriels normalement admis. Face à l'incohérence qui semble caractériser le contenu complexe des énoncés figurés, nous avons évité

---

28 Ricœur 1975: 289.
29 *Ibid.*
30 *Ibid.*
31 Blaga 1995: 291.
32 Prandi 1994: 179–192.
33 Ricœur 1975: 289.
34 Prandi 1992: 240.

toute forme de modulation, afin d'aboutir à l'élaboration d'un texte d'arrivée qui respecte un aspect essentiel de l'écriture de départ et des effets de sens qu'elle vise.

Nous reprenons ici l'exemple des métaphores verbales, qui activent des transferts complexes et qui montrent à un très haut degré que les structures linguistiques permettent la connexion de constituants (sujets, verbes et compléments) qui véhiculent des contenus conceptuels conflictuels. Pour Prandi, le verbe métaphorique non substitutif correspond au «type paradigmatique de la métaphore irréductible, le véhicule privilégié des vérités métaphoriques»[35]. En effet, les verbes peuvent produire des formes d'impertinence sémantique qui se déroulent au niveau syntagmatique et qui feraient penser par conséquent à une structure *in praesentia*. Toutefois, la recatégorisation des sujets et/ou des compléments se fait souvent par la médiation d'un désignateur virtuel pertinent qui n'est pas mentionné, ce qui comporte également une interaction d'ordre paradigmatique, *in absentia*. Dans les métaphores verbales les plus fréquentes, la valeur sémantique du verbe modifie la charge notionnelle du sujet: «Le privilège d'exprimer le rôle principal du processus est conféré au sujet sur la base de ses propriétés formelles exclusivement. La nature sémantique du verbe, pour sa part, en fixant les rôles qu'il contrôle et leur hiérarchie interne, intervient pour donner un contenu notionnel à cette prééminence rigoureusement formelle»[36].

Il faut cependant reconnaître que les verbes métaphoriques peuvent articuler un conflit conceptuel non seulement par rapport au sujet, mais aussi par rapport aux compléments.

1a. la guerre était si longue, le naufrage infini,/ que les hommes soudain envahissaient les routes/ ivres d'on ne sait quel espace qui coulait/ autour du cou, comme une corde, et qui tirait (58).

1b. la guerra era così lunga, il naufragio infinito,/ che gli uomini improvvisamente invadevano le strade/ ubriachi di non si sa quale spazio che scorreva/ intorno al collo, come una corda, e che tirava (59).

2a. Plus loin, ou c'est trop tard,/ la lumière saignait son jus inimitable (72).

2b. Più lontano, o è troppo tardi,/ la luce sanguinava il suo succo inimitabile (73).

3a. Je ne saurais vous dire l'eau (54).

3b. Non saprei dirvi l'acqua (55).

Comme le montrent les occurrences n. 1a, 2a et 3a, dans l'original les métaphores verbales véhiculent des contenus complexes qui opèrent une sorte de transmutation du réel, en contribuant ainsi à exprimer une vision très particulière du

---

35 *Ibid.*: 249.
36 Prandi 1987: 98-101.

monde et des choses: l'espace coule autour du cou comme une corde (1a), la lumière saigne un jus inimitable (2a) et l'eau est «dite» (3a). En ce qui concerne la traduction, nous avons opté pour une restitution mot-à-mot des métaphores verbales, en essayant de nous soustraire aussi bien à une démarche de nature «orthonymique» qu'à une tendance à l'explicitation qui aurait déterminé une normalisation du texte: en 1b, nous avons utilisé le verbe «scorreva» qui, d'après nous, restitue la métamorphose de l'espace en une substance liquide, en laissant inaltéré un aspect essentiel de l'écriture de départ, où l'imaginaire aquatique joue un rôle de premier plan. En 2b, nous avons gardé l'emploi transitif du verbe «saigner», qui assimile le «jus inimitable» de la lumière à l'image du sang et, en 3b, nous avons «ré-énoncé» littéralement la métaphore de l'eau, qui est reprise sous des formes différentes dans d'autres passages d'*Ulysse*.

4. Un texte souterrain

Dans le poème qui est l'objet de notre analyse, les mots les plus simples peuvent évoquer des trames symboliques cachées ou renvoyer à des signifiés implicites qui ouvrent des voies nouvelles à l'interprétation. Afin de restituer les diverses corrélations sémantiques présentes sous la surface du texte, nous avons adopté des solutions qui, dans certains cas, vont au-delà des possibilités qu'offre la langue d'arrivée.

> 4a. Quelle fêlure veut-elle donc oublier,/ gonflée de ta laitance amère, solitude? (114).
> 4b. Quale ferita vuole dimenticare dunque,/ gonfio del tuo lattume amaro, solitudine? (115).

> 5a. Je me suis arrêté dans les ports où les marchands ambulants/ sollicitaient l'esprit d'avoir soif de CHOSES/ ils remaillaient de la trame chantante de leurs tapis/ la lumière tendue de l'Afrique! (88).
> 5b. Mi sono fermato nei porti dove i venditori ambulanti/ spingevano lo spirito ad aver sete di COSE/ rammagliavano con la trama cantante dei loro tappeti/ la luce tesa dell'Africa! (89).

Dans les occurrences n. 4a et 5a, les termes «lattume» (qui évoque le lait) et «cantante» (qui qualifie le mot «trama»), constituent des options qui s'éloignent des usages les plus usuels et les plus communs dans la langue d'arrivée. Ces choix proviennent de l'exigence de restituer la relation étroite entre le plan du signifiant et le plan du signifié scellée par l'écriture de départ. En 4a, le terme «laitance»[37]

---

37 Rappelons que le terme «laitance» désigne la substance molle et blanchâtre que le poisson mâle répand sur les œufs de la femelle pour les féconder (cf. *Trésor de la Langue Française*).

contribue souterrainement à renforcer les paradigmes de l'eau et de la soif qui hantent les vers d'*Ulysse*. Son signifiant rappelle le lait qui, pour Fondane, est une boisson fondamentale, comme le montrent d'autres passages du poème: «une chèvre broutait du lait» (54), «Qu'il ferait bon téter ton lait sauvage, ô vie» (62), «les émigrants ne cessent d'escalader la nuit/ ils grimpent dans la nuit jusqu'à la fin du monde,/ ils rompent comme frères leur lait et le partagent» (72), «Quelle louve, pour ses petits,/ eût plus d'ovaires dans la panse,/ et moins de lait dedans ses pis?» (84), «Je n'ai plus que mon sang pour t'allaiter, poème…» (172), «La mort était somnolente, oublieuse,/ oubliée nappe d'eau enfouie dans l'âme –/ et SOUDAIN elle vint, elle coula en moi/ comme le lait vivant dans le sein de la femme» (90). Comme l'écrit Bachelard, «toute eau est un lait. Plus précisément, toute boisson heureuse est un lait maternel»[38]. Dans la poésie de Fondane cette boisson primaire constitue souvent un symbole de vie et de connaissance. Toutefois, en 4a l'écrivain décrit la «laitance amère» de la solitude, cette dernière remplissant en même temps une fonction positive, qui favorise une vision plus aiguë et plus lucide du réel, et une fonction négative, de rupture et d'incommunicabilité. En 5a, le terme «chantante», en faisant fusionner des sensations auditives et visuelles, produit une image riche de significations et qui exalte les potentialités iconiques du langage.

Le texte de départ présente également des mots chargés de plusieurs niveaux de sens qu'une traduction littérale ne pourrait pas restituer. Face à ces occurrences, nous avons essayé de trouver un équilibre entre le respect de l'écriture-source et la nécessité d'aboutir à un texte d'arrivée cohérent et compact, au niveau de l'expression comme au niveau du contenu.

6a. J'avais assez de suivre l'Europe aux fesses creuses (116).
6b. Ne avevo abbastanza di percorrere un'Europa rinsecchita (117).

7a. j'ai craché sur de l'Histoire (68).
7b. ho sputato su pezzi di Storia (69).

8a. Amérique, Amérique, merveille noire et rouge,/ que de fois j'ai rêvé de tes chevaux sauvages/ que de fois l'œil plus clair d'être ouvert en dedans/ tes fleuves m'ont porté, humide, dans tes flancs,/ ô vierge, encore nue depuis ta découverte! (128).
8b. America, America, meraviglia nera e rossa,/ quante volte ho sognato i tuoi cavalli selvaggi/ quante volte con l'occhio interiore rischiarato/ i tuoi fiumi mi hanno portato, umido, nei tuoi fianchi,/ oh vergine, ancora nuda dopo la tua scoperta! (129).

Les occurrences n. 6b, 7b et 8b montrent que, tout en apportant des changements qui sont en quelque sorte imposés par la nécessité de réaliser un écrit acceptable

---

38 Bachelard 1979: 158.

par rapport aux normes de qualité scripturaire de la langue réceptrice et caracté-risé par des paramètres de systématicité et de corrélativité, ainsi que d'organicité de tous les constituants[39], nous avons conservé les images de départ. Elles expri-ment le rapport complexe entre l'ici et l'ailleurs (6a), décrivent une attitude de mépris envers un réel décevant (7a) ou évoquent une dimension intérieure per-mettant d'accéder à une perception très particulière du monde et des choses (8a).

Comme nous l'avons déjà observé, la pratique de la traduction constitue sou-vent un instrument fondamental d'analyse critique de l'original et des trames sémantiques qu'il véhicule. En effet, notre travail d'interprétation et de traduc-tion en italien d'une partie des poèmes français de Benjamin Fondane nous a permis de vérifier que les versions d'*Ulysse* publiées par Plasma[40], Paris-Médi-terranée et Patrice Thierry Éditeur[41] et Non Lieu-Verdier[42] proposent un texte présentant des erreurs de transcription.

9a. il gémit de temps en temps Ribono Schelolom! (76).
9b. geme di tanto in tanto Ribono Schelolom! (77).

10a. ô trop cruellement aimés, ô trop suavement haïs (78).
10b. oh troppo crudelmente amati, oh troppo dolcemente odiati (79).

11a. Quel pavillon, jadis, flotta sur cette hampe/ un peu de sel aux lèvres, une amertume au lit./ Vas-tu vomir enfin ton âcre mort, coolie?/ La vie ça te connaît comme une vieille crampe (172).
11b. Quale bandiera, un tempo, sventolò su questa asta/ un po' di sale sulle labbra, un'amarezza a letto./ Vomiterai infine la tua acre morte, facchino?/ La vita tu la conosci come un vecchio crampo (173).

12a. La Terre quelque part. C'est la même folie/ et la même insomnie... et c'est la même lampe./ Oh! finir proprement en un coin de l'estampe./ Et que le vent t'emporte, duvet du pissenlit... (172).
12b. La Terra da qualche parte. È la stessa follia/ e la stessa insonnia... ed è la stessa lampada./ Oh! finire precisamente in un angolo della stampa./ E che il vento ti porti via, ciuffo di tarassaco... (173).

Grâce à la consultation des manuscrits conservés à la *Bibliothèque Doucet* de Paris, nous avons rétabli les formes initiales, en substituant «Schelolom» à «Sche-lolam» (9a), «aimés» et «haïs» à «aimée» et «haïe» (10a), «coolie» à «scolie» (11a) et «lampe» à «hampe» (12a). La reconstitution du texte original que nous avons

---

39 Cf. Berman 1995: 65.
40 Fondane 1980.
41 Fondane 1996.
42 Fondane 2006.

effectuée montre que dans certains cas la traduction est elle-même un travail d'ordre critique, sélectif et interprétatif en même temps, permettant d'éclairer des aspects qui peuvent échapper à une lecture superficielle, mais qui constituent des composantes essentielles du «langage-système» de départ.

5. Les correspondances sonores

La poésie de Benjamin Fondane se caractérise aussi par la présence de toute une suite de correspondances sonores qui contribuent à construire des réseaux de sens spécifiques. Toutefois, la «musique» qu'elles réussissent à créer n'est pas celle du lyrisme traditionnel; dans certains passages, les mots s'enchaînent pour créer des associations auditives particulières: ils engendrent une mélodie «imparfaite et charnelle», qui «exprime [...] comme nulle autre l'humanité d'une existence désaccordée confrontée à l'imperfection du monde»[43]. Si, dans certains passages du texte d'arrivée, nous avons été obligée de sacrifier les corrélations entre les sons, afin d'éviter des bouleversements sémantiques excessifs, dans d'autres – au contraire – la langue-cible nous a permis, au moins en partie, de les reproduire.

> 13a. pas de chanson, pas d'échanson,/ personne de qui espérer du secours (104).
> 13b. nessuna canzone, nessun coppiere,/ nessuno da cui sperare aiuto (105).

> 14a. pampa, pampa, où mon désir rampa (132).
> 14b. pampa, pampa, dove il mio desiderio strisciò (133).

> 15a. si quelqu'un se trompait d'escalier, de porte,/ et apportait, ne fût-ce que pour un rien de temps,/ une poignée d'odeur humaine/ à ce gardien de phare quasi fou de terreur? (126).
> 15b. se qualcuno sbagliasse scala, porta,/ e portasse, non fosse che per un istante,/ una manciata di odore umano/ a questo guardiano di faro quasi folle di terrore? (127).

> 16a. La mort était somnolente, oublieuse,/ oubliée nappe d'eau enfouie dans l'âme/ — et SOUDAIN elle vint, elle coula en moi/ comme le lait vivant dans le sein de la femme (90).
> 16b. La morte era sonnolenta, dimentica,/ dimenticata distesa d'acqua sepolta nell'anima/ — e IMPROVVISAMENTE venne, colò in me/ come il latte vivente nel seno della donna (91).

En 13b et en 14b, nous avons éliminé les alliances sonores construites par l'écriture-source («pas de chanson, pas d'échanson»→«nessuna canzone, nessun coppiere»; «pampa, pampa, où mon désir rampa»→«pampa, pampa, dove il mio desiderio strisciò»); en 15b et en 16b, au contraire, tout en respectant le sens de départ et les contraintes structurales et syntaxiques caractérisant la langue

---

43 Salazar-Ferrer 2004: 20.

d'arrivée, nous avons reconstitué, au moins en partie, ce type de corrélations («de porte,/ et apportait»→«porta,/ e portasse»; «oublieuse,/ oubliée»→«dimentica,/ dimenticata»).

Dans certains poèmes, les évocations sonores concernent des éléments *in absentia*, comme le montrent les occurrences qui suivent:

17a. maigres vifs comme bois roulés par les torrents (74).

17b. magri vivi come legni spinti dai torrenti (75).

18a. Pauvres vifs/ Que de fois projetés sur les murs par vos longues bougies/ de suif (76).

18b. Poveri vivi/ Quante volte riflessi sui muri dalle vostre lunghe candele/ di sego (77).

En 17a et en 18a, le terme «vifs» semble suggérer la présence souterraine du mot «juifs» (évoqué aussi par le terme «suif»). Dans ce cas, la diversité structurale entre les deux langues concernées nous a empêchée de restituer un aspect essentiel de l'écriture-source, portant sur des significations implicites étroitement liées aux modalités expressives utilisées. Ces exemples montrent que la pratique traductrice doit aussi faire face au décalage entre deux systèmes linguistiques différents et qu'elle est souvent le résultat d'un calcul, d'une «négociation»[44], comme le remarque Umberto Eco. Toutefois, cette négociation doit provenir d'une nécessité et non pas d'une option. Lorsque la langue d'arrivée le permet, le traducteur ne peut que reproduire les traits qui constituent les fondements de l'écriture de départ. Si la différence entre les deux langues impliquées dans le processus traductif exige le repérage de solutions diverses, on est obligé de recourir à toutes les ressources linguistiques dont on dispose et d'actualiser des procédés cohérents, consistants et concordants par rapport à l'original. En essayant de «ré-énoncer» la complexité stylistique et sémantique qui caractérise la poésie de Benjamin Fondane, nous nous sommes inspirée d'un double critère, d'ordre *éthique* et *poétique*, en accord avec Berman quand il écrit que la *poéticité* d'une traduction réside en ce que le traducteur a réalisé un véritable travail textuel, *a fait texte*, en correspondance plus ou moins étroite avec la textualité de l'original. [...] L'*éthicité*, elle, réside dans le respect, ou plutôt, dans *un certain respect de l'original*[45].

Bibliographie

Bachelard, G. (1979), *L'Eau et les rêves*, Paris: Corti.

---

44 Eco 2010: 94.
45 Berman 1995: 92.

Berman, A. (1984), *L'Épreuve de l'étranger. Culture et traduction dans l'Allemagne romantique*, Paris: Gallimard.

Berman, A. (1995), *Pour une critique des traductions: John Donne*, Paris: Gallimard.

Berman, A. (1999) [1985], *La Traduction et la lettre ou l'auberge du lointain*, Paris: Éditions du Seuil.

Blaga, L. (1995), Genèse de la métaphore. In: Id. *Trilogie de la culture*. Trad. par Y. Cauchois *et al.*, Paris: Librairie du Savoir Fronde.

Chevalier, J.-C. (1995), Traduction et littéralité: de la subjectivité dans les traductions de «Madame Bovary». In: J.-C. Chevalier, M.-F. Delport. *Problèmes linguistiques de la traduction I. L'horlogerie de Saint Jérôme*. Paris: L'Harmattan.

Cigada, S. (1982), La Traduzione come strumento di analisi critica del testo letterario. In: AA. VV. *Processi traduttivi: teorie ed applicazioni*. Brescia: La Scuola, 187–199.

Delport, M.-F. (2010), Langage et réalité. Les Traductions de «Madame Bovary»: un retour aux sources. In: J.-C. Chevalier, M.-F. Delport. *Jérômiades. Problèmes linguistiques de la traduction II*. Paris: L'Harmattan.

Eco, U. (2010), *Dire quasi la stessa cosa. Esperienze di traduzione*, Milano: Bompiani.

Fondane, B. (1933), *Ulysse*, Bruxelles: Cahiers du Journal des Poètes.

Fondane, B. (1980), *Le Mal des fantômes* précédé de *Paysages*, Paris: Plasma.

Fondane, B. (1996), *Le Mal des fantômes* précédé de *Paysages*, Paris: Paris-Méditerranée et Patrice Thierry Éditeur.

Fondane, B. (2004), Texte indédit sur la traduction poétique, *Cahiers Benjamin Fondane 7*, 77.

Fondane, B. (2006), *Le Mal des fantômes*, Paris: Non Lieu-Verdier.

Fondane, B. (2013), *Poèmes retrouvés*, Paris: Parole et Silence.

Fondane, B. (2014), *Ulisse*, trad. it. réalisée par A. Naccarato, Roma: Aracne.

Jutrin, M. (1998), Ulysse: poésie et destin, *Europe 827*, 71–78.

Jutrin, M. (2008), Du mal d'Ulysse au mal des fantômes, *Cahiers Benjamin Fondane 11*, 117–129.

Ladmiral, J.-R. (2005), Le «salto mortale» de la déverbalisation, *Meta 2005, L, 2*, 473–485.

Lederer, M. (2001) [1984], Transcoder ou réexprimer. In: D. Seleskovitch, M. Lederer. *Interpréter pour traduire*. Paris: Didier Érudition (Klincksieck).

Meschonnic, H. (1973), Poétique de la traduction. In: Id. *Pour la poétique II*. Paris: Gallimard.

Naccarato, A. (2010), Dalla parola all'immagine. La metafora in «Ulysse» di Benjamin Fondane. In: G. Vanhese (éd.). *Multiculturalismo e Multilinguismo*. «Quaderni del Dipartimento di Linguistica», Rende: Università della Calabria, 25, 141–166.

Naccarato, A. (2011), Dire l'indicible: métaphores d'«Ulysse», *Cahiers Benjamin Fondane* 14, 170–177.

Naccarato, A. (2012), *Traduire l'image. L'œuvre de Gaston Bachelard en italien*, Roma: Aracne.

Prandi, M. (1987), *Sémantique du contresens*, Paris: Les Éditions de Minuit.

Prandi, M. (1992), *Grammaire philosophique des tropes*, Paris: Les Éditions de Minuit.

Prandi, M. (1994), La Distinction entre métaphores, métonymies et synecdoques dans une perspective grammaticale. In: S. Ijsseling, G. Vervaecke (éds.). *Renaissances of Rhetoric*. Leuven: Leuven University Press, 179–192.

Ricœur, P. (1975), *La Métaphore vive*, Paris: Éditions du Seuil.

Salazar-Ferrer, O. (2004), Le Poème désaccordé de Benjamin Fondane, *Cahiers Benjamin Fondane* 7, 18–26.

Simion, E. (2011), La Littérature migrante. In: E. Simion, G. Vanhese (éds.). *La Littérature migrante – Literatura română «migrantă»*. «Caiete critice», București: Fundația Națională pentru Știință și Artă, 3–4, 3–12.

Vanhese, G. (1993), Le Mythe d'Ulysse et la poésie française de Benjamin Fondane, *EURESIS, Cahiers Roumains d'études littéraires* 1–2, 82–87.

Vanhese, G. (2011), Dans la houle des migrantes paroles. Poésie et exil chez Benjamin Fondane et Paul Celan. In: E. Simion, G. Vanhese (éds.). *La Littérature migrante – Literatura română «migrantă»*. «Caiete critice», București: Fundația Națională pentru Știință și Artă, 3–4, 13–22.

Maria Panetta

Università degli Studi di Roma "La Sapienza"

Per "consonanza" o "stimolante opposizione": l'approccio alla traduzione in Margherita Guidacci

Abstract The essay outlines an overview of Margherita Guidacci's activity as a translator, focusing in particular on her translations from the American Emily Dickinson and Elisabeth Bishop. She had with the first one a relationship of spiritual affinity and consonance and, instead, she felt a sense of distance however stimulating from the second one. The study of these cases shows how Guidacci, thanks also to Eliot's influence, is clearly oriented towards a preference for an idea of translation as "imitation" or as a poetic rewriting of the source text.

Keywords: *Translation; Imitation; Originality; Rhythm, Poetry*

Margherita Guidacci è conosciuta come traduttrice di Emily Dickinson quasi più che come poetessa. Come illustra Simona Carando nella voce a lei dedicata del *Dizionario biografico degli italiani*, «Figlia unica, trascorse un'infanzia e un'adolescenza solitarie, a contatto con un mondo di adulti e di anziani senza stabilire relazioni amichevoli con i coetanei, dedicandosi soprattutto allo studio e alla lettura»[1], proprio come la poetessa statunitense con la quale, per varie ragioni, sentì di avere grande affinità spirituale[2].

Com'è noto, però, Margherita Guidacci non tradusse solo la Dickinson; l'interesse per la letteratura inglese e angloamericana la condusse, dopo la laurea in Lettere con Giuseppe De Robertis (con una tesi su Ungaretti), a dedicarsi allo studio della lingua (si recò pure in Irlanda, nel 1947, per un soggiorno a tale scopo) e nel 1945 iniziò a pubblicare anche traduzioni da Hemingway, Blake, Hilda Doolittle e Shenfield[3].

---

1   Vol. 61, 2004, consultabile alla URL <http://www.treccani.it/enciclopedia/margherita-guidacci_(Dizionario-Biografico)/> (cfr. Carando 2004).
2   Questa è l'immagine che della Dickinson offre, ad esempio, la recente pellicola *A Quiet Passion* (2016), scritta e diretta da Terence Davies, nella quale la poetessa è interpretata da Emma Bell (da giovane) e poi da Cynthia Nixon, con la bella fotografia di Florian Hoffmeister e i costumi di Catherine Marchand.
3   Apparvero sulla rivista «Rassegna» tra l'aprile e il dicembre del 1945.

La sua attività di traduttrice, però, non si arrestò a quegli anni, ma anzi proseguì ininterrottamente fin quasi alla morte. Tra le edizioni più rilevanti da lei curate, nel 1946, in linea con l'interesse eliotiano per John Donne ma precorrendo i tempi per il mercato editoriale e culturale europeo, uscirono a Firenze i suoi *Sermoni* (tradotti per la Libreria Editrice Fiorentina) e *L'ipocrita beato* (*The Happy Hypocrite*) di Max Beerbohm (tradotto per Vallecchi)[4]; nello stesso anno in rivista alcuni versi di Thomas Stearns Eliot come *Morte degli elementi, Alla Madonna*[5] e uno dei *Four Quartets, Burnt Norton*[6]; nel 1950, sempre a Firenze (Libreria Editrice Fiorentina), fu la volta delle *Sacre rappresentazioni inglesi* e nel 1958 di *Patria mia* di Ezra Pound (per il Centro Internazionale del Libro di Firenze)[7]. Nel 1960 tradusse la biografia di Lorca (J. Guillén, *Federico in persona*) per Scheiwiller e nel 1961, mettendo a frutto il suggerimento pasoliniano sul recupero dei dialetti e delle culture popolari, i *Racconti popolari irlandesi* per Cappelli; nello stesso anno apparve, a Milano, *Destino* di Conrad (Bompiani) e, nel capoluogo toscano, la sua edizione delle *Poesie e lettere* della Dickinson e, in seguito, a Milano si susseguirono, nel 1979 e nel 1982, due edizioni complete delle sue *Poesie* (oltre alla traduzione, Guidacci ne firmò introduzione, premessa al testo e note). Del 1971, ancora, è la traduzione di alcune poesie di Mao Tse-Tung per Scheiwiller[8]; del 1975 quella dell'*Inno a David* di Christopher Smart per Einaudi; del 1979 *Pietra di luce* di Wojtyla (Libreria Editrice Vaticana), e del 1982 sono i volumi di Jessica Powers *Luogo di splendore* (Città del Vaticano 1982) e di Elizabeth Bishop *L'arte di perdere* (Milano, Rusconi, 1982); infine, si può ricordare la sua traduzione di *Una vita protetta*, autobiografia di Edith Sitwell (Milano, Rizzoli, 1989) o quella del *Principe felice* di Oscar Wilde per Giunti-Nardini (sempre del 1989) *etc*. Da non trascurare, inoltre, che la sua attività traduttiva la condusse ad approfondire criticamente gli autori oggetto di studio e a scriverne in articoli e saggi pubblicati su rivista e successivamente raccolti

---

4   Cfr. O'Brien 2001: 227-238.

5   In *Rassegna*, gennaio 1946, n. 8, 32 e sgg.

6   In *Paesaggio*, giugno-luglio 1946, n. 2, 95-98.

7   Al riguardo si veda Curreli 2001.

8   L'editore la incoraggiò più volte a proseguire nel proprio interesse per la letteratura cinese: si ricordino le traduzioni di *Desiderio di pace* di Tu Fu (Scheiwiller 1957 e 1988), *Antichi racconti cinesi* (Cappelli 1959), *Poema per la bellezza della sua donna* di Tao Huang Ming (Scheiwiller 1962), senza dimenticare che nel 1988 Guidacci si cimentò anche negli *haiku* pubblicando la raccolta *Una breve misura* per l'editrice Vecchio Faggio di Chieti.

anche in volume: ad esempio, in *Studi su Eliot* (Milano, Istituto di Propaganda Libraria, 1975) e in *Studi su poeti e narratori americani* (Cagliari, EDES, 1978).

Evgenij Solonovič, discorrendo di problemi della traduzione, ebbe a ricordare, nel 1997, proprio Margherita Guidacci:

> È il traduttore che sceglie il testo da tradurre. Egli sa, fin dall'inizio, se è un'impresa fallita; e, se è un traduttore onesto, rinuncia a tradurre perché ci sono tanti altri testi da tradurre.
>
> Come diceva una poetessa italiana che ha tradotto molto, Margherita Guidacci: "Io traduco le poesie che vogliono essere tradotte da me". Mi è piaciuta molto questa frase, questo slogan della poetessa.
>
> E infatti la mia fortuna è quella di avere tradotto con poche eccezioni i testi che volevano essere tradotti da me. Testi e non poeti che volevano essere tradotti da me, perché in Italia c'erano tanti poeti che volevano essere tradotti da Solonovič. Se il testo non voleva essere tradotto da Solonovič, allora non c'era niente da fare[9].

Di testi, dunque, si parla: il traduttore traduce testi con i quali avverte una particolare consonanza; non sceglierebbe il poeta, ma il testo. Ciò, in realtà, non fu sempre vero per la Guidacci, che si prestò a tradurre anche autori e versi nei riguardi dei quali inizialmente non aveva avvertito un particolare trasporto, ma che, talora, riuscì a orientare le scelte del committente: ad esempio, ciò accadde più volte nell'ambito del suo particolare rapporto con Vanni Scheiwiller. Quanto al primo caso, la stessa Guidacci ha dichiarato, ad esempio, per quanto concerne Elisabeth Bishop, che, nel momento in cui le fu chiesto di tradurre le sue poesie, non la conosceva affatto e che all'inizio ebbe

> un po' di difficoltà, perché non era proprio secondo il mio cuore, non avevo con lei delle particolari affinità elettive[10]. Tuttavia la trovai talmente interessante, e talmente utile fu l'esercizio di traduzione delle sue poesie che mi ci immersi completamente[11].

Pertanto, come ha sottolineato Franco Buffoni[12], a volte i risultati migliori per un traduttore vengono proprio dallo «scontro» con un altro autore: è possibile

---

9   Solonovič 1997: 160.

10 Si può notare, ad esempio, tra i fattori di lontananza fra le due, che l'elemento visivo così prepotentemente presente nella poesia dell'americana è, invece, assente in quella della Guidacci. D'altro canto, però, l'italiana ammira della Bishop la capacità di non dire il dolore ma di suggerirlo, di non nominarlo mai, consegnandolo agli oggetti; cfr. M. Guidacci, *Introduzione* a E. Bishop, *L'arte di perdere*, 9-10.

11 La dichiarazione viene ricordata da Buffoni (2001: 173).

12 Peraltro, a capo della cosiddetta Scuola di Cassino sulla traduzione e direttore della rivista *Testo a fronte*, fondata nel 1989 assieme a Emilio Mattioli e Allen Maldenbaum. Cfr. Nasi 2016.

che «da lì venga il nuovo per la maturazione e il progresso della propria poetica, piuttosto che dalle affinità elettive, dalle quali sovente si viene solo confermati in ciò che già si è e si sa»[13].

Di certo, la Guidacci si espresse più volte sulla necessità, a suo dire, di un «consenso», da parte del testo, ad essere tradotto da «quel» traduttore: ed esemplificava tale teoria, citando la propria esperienza con l'*Urna greca* di Keats, la cui traduzione le era stata commissionata da Rizzoli, e ammettendo che, dopo mesi di vani tentativi e inutili sforzi, si era convinta a rinunciare, avvertendo che quel testo la rifiutava[14].

Premettendo che si riserva ad altra sede uno studio più approfondito delle scelte traduttive operate da Guidacci in relazione ai testi originali, si cercherà, in questo contributo, di delineare qualche passaggio significativo della sua attività di traduttrice e di evidenziarne i presupposti teorici di riferimento.

In primo luogo, va precisato che, tra i due metodi prevalenti (quello della «ricerca di una grande e alta lingua poetica, anonima per definizione»[15] e quello che mira a «valorizzare l'incontro/scontro tra la poetica del traduttore e la poetica del tradotto»[16], e per il quale la traduzione di poesia viene a consistere nel «rivivere, da parte del traduttore, l'atto creativo che ha ispirato l'originale. In una condizione che, prima di essere un esercizio formale, potrebbe essere definita un'esperienza esistenziale»[17]), che possiamo identificare a grandi linee con la differenza tra l'approccio dell'*interpretes* e quello dell'*orator* di ciceroniana memoria[18], fra *interpretatio ad verbum* e *ad sensum*[19], la Guidacci prediligeva il secondo, in linea con i presupposti teorici successivamente espressi dallo Steiner di *Dopo Babele*[20] o da Iosif Brodskij:

> Si tratta sempre di trovare una forma per una sostanza che *non può esistere fino a che quella forma non sia stata trovata*. Nel caso della traduzione la sostanza esiste già in un'altra lingua: ma per il traduttore-poeta che deve farla rinascere nella propria, il problema è esattamente lo stesso di quando si sforza di chiarire – sempre mediante una

---

13 Buffoni 2001: 173.
14 *Ibid.*: 177-178.
15 *Ibid.*: 171.
16 *Ibid.*
17 *Ibid.*: 172.
18 Si vedano, in particolare, il *De optimo genere oratorum* e la prefazione al *De finibus bonorum et malorum*.
19 Al riguardo si veda almeno Traina 1970.
20 Cfr. Steiner 1975. Steiner vi contrappone i difensori della fedeltà alla lettera a quelli della fedeltà allo spirito.

forma – qualcosa che si agita dentro di lui e vuole e non vuole affiorare alla luce. Solo che nel caso della traduzione il problema viene affrontato un po' più a valle, un po' più vicino alla foce[21].

Proprio per questa ragione, nel caso delle traduzioni da lingue straniere non conosciute, la Guidacci si poneva un problema di "deontologia professionale", domandandosi se fosse lecito, per il traduttore, servirsi di traduzioni letterali per poi elaborarle poeticamente: «A me, come traduttrice, confesso che piace

---

21 Le parole della Guidacci risalgono al Convegno sulla *Traduzione del testo poetico* tenutosi all'Università di Bergamo nel 1988 e sono ricordate da Franco Buffoni nel contributo citato, alla pagina 172. Tali temi non sono estranei alla riflessione crociana, che a nostro avviso può aver influenzato la poetica della Guidacci stessa. Riguardo alla traduzione, in particolare, si può ricordare che Croce era passato dalla negazione della possibilità del tradurre (fatta eccezione per la «traduzione esplicativa»: interpretazione, parafrasi, commento, operazioni linguistiche non artistiche), espressa nel 1900 nelle *Tesi fondamentali di un'Estetica come scienza dell'espressione e linguistica generale* (cfr. Croce 1900) al suo ridimensionamento già nell'*Estetica* del 1902 (cfr. Croce 1902), con l'affermazione della possibilità relativa della traduzione, non in quanto riproduzione (vana) delle medesime espressioni originali, ma in quanto produzione di «espressioni somiglianti». Quella iniziale conclusione scaturiva dalla concezione intuizionistica del linguaggio come creatività; identificata la varietà delle «impressioni» con quella dei «contenuti» (della coscienza o dell'esperienza), conseguiva la «varietà irriducibile dei fatti espressivi», definiti «sintesi estetiche delle impressioni»: queste ultime, ossia le intuizioni-espressioni, risultavano intraducibili. Negli anni, si deve constatare quasi un rovesciamento delle posizioni iniziali. Infatti, dal volume *La Poesia* (cfr. Croce 1936) in poi, Croce riconobbe alla traduzione la capacità di trasmettere qualcosa dell'intuizione cosmica dell'originale (cfr. anche Croce 1941: 379-381; egli replicava all'obiezione mossagli di aver scritto il suo saggio su Ibsen senza conoscere il norvegese, asserendo l'impossibilità di raggiungere la totale conoscenza o rievocazione di un poeta neppure attraverso il rapporto diretto con l'originale), a patto che questo fosse davvero poesia, avendo in sé organicità e coerenza, segni distintivi della grande arte. A suo parere, una «traduzione, sempre che abbia valore d'arte, non è direttamente espressione della personalità del poeta che viene tradotto, ma di quella del traduttore» (Croce 1939), nel senso che il «nesso d'interpretazione» viene a coincidere con la «reazione all'impressione ricevuta da un'opera d'arte» e comporta l'interessamento spirituale del traduttore per l'originale. Affinché si possa parlare di traduzione, quindi, il traduttore deve «accompagnare», nel sentimento, il poeta tradotto (Croce 1936: cap. II, par. 5, 100–106), approssimarsi alla sua personalità artistica, cogliendo «lo spirito e il tono della poesia» (Croce 1939), nella tensione inesauribile ad immedesimarsi con essa, sebbene non possa mai del tutto cancellare «un'ombra di irrequietezza e d'inquietezza» (161). In questa pagina del '39 si rintraccia anche il tema (accennato già nel volume *La Poesia*) della voce «che deve risonare dentro un'altra voce».

moltissimo, perché mi sento liberata da certi tabù, come l'idea di dovere riprodurre il ritmo originale, e ne trovo istintivamente uno mio»[22], ammetteva, ad
esempio, nei riguardi delle proprie versioni dal cinese, che non conosceva.
Eppure, il dubbio le restava: ne faceva una questione «morale»[23].

Tali brevi dichiarazioni, però, inducono a pensare che Margherita Guidacci
si sentisse in linea con una modalità di traduzione che, secondo la definizione
di Lorenzo Flabbi, può essere indicata come «imitazione», ovvero «una traduzione che sacrifichi alcune componenti evidenti del testo dal punto di vista dei
significati primi [...] a vantaggio di altre che si vogliono più profonde, o semplicemente a un livello maggiore di pertinenza»[24]. L'attività della traduzione è,
infatti, operazione translinguistica, come la scrittura stessa; e si può, pertanto,
definire sempre come una riscrittura[25]. Dato che la letteratura non si esaurisce
nell'istanza comunicativa (per citare Benjamin, l'essenziale, in un'opera poetica,
«non è comunicazione, non è testimonianza»[26]), il traduttore dovrà sempre tener
conto della specificità del discorso poetico e agire di conseguenza, adoperando
gli strumenti di volta in volta più consoni.

Partendo proprio dalla Dickinson, per la quale maggiormente Margherita
Guidacci è ricordata come traduttrice, non si può prescindere da un dato fondamentale: la pubblicazione, nel 1922, di *The Waste Land* di Eliot e la risonanza che
l'opera ebbe non solo nel mondo anglosassone. Al suo nuovo modo di fare poesia
corrispondeva, infatti, una poetica secondo la quale era necessario ri-imparare
a leggere i classici prescindendo dalla retorica; secondo Eliot, il «senso storico
implica una percezione del passato non solo come passato ma come presente»[27],
affermazione che metteva in discussione il concetto di *originalità* del poeta, che,
al contrario, avrebbe dovuto essere in grado di «coniugare, analiticamente e
selettivamente, la propria voce con le voci del passato»[28]: a tale lezione Margherita Guidacci s'ispirò sia scrivendo poesie sia traducendo i versi della Dickinson.

---

22 Queste parole sono ricordate sempre da Franco Buffoni (2001: 176) e fanno riferimento
    a un Convegno su *La traduzione poetica nel segno di Giacomo Leopardi* tenutosi presso
    l'Università di Macerata nel novembre 1988.
23 *Ibid.*: 177.
24 Flabbi 2008: 6.
25 Sul tema si leggano almeno: Meschonnic 1995; Vegliante 1991. Da non trascurare
    neanche: Mounin 1955; Bonnefoy 2000.
26 Benjamin 1955 (trad. it. 1962: 39).
27 Eliot 1957: 192.
28 Lanati 2001: 181.

Dobbiamo a Barbara Lanati l'individuazione delle principali tematiche che ricorrono nella poesia di entrambe e accomunano le due poetesse:

> La vita e la morte; il topos dell'acqua e dell'imbarcazione come metafora dell'esperienza esistenziale; l'arsura, il deserto, la sabbia come forma e sineddoche dell'importanza dell'individuo di fronte allo scorrere lento e inesorabile della vita; il silenzio – infine – come spazio privilegiato della conoscenza[29].

Ma soprattutto le dobbiamo una precisazione che aiuta a far luce sulla poetica della Guidacci traduttrice: quella che le ha permesso di stabilire che le poesie della Dickinson vennero tradotte non sulla base dell'unica edizione americana attendibile perché redatta dal curatore seguendo precisi criteri grafologici (*The Poems of Emily Dickinson*, a cura di T.H. Johnson, Cambridge Mass., Belknap Press of Harvard University Press, 1955), ma avendo come testo di partenza quello curato dalla nipote Martha Dickinson Bianchi nelle edizioni che vanno dal 1914 al 1937 (*The Single Hound* del 1914; *The Complete Poems* del 1925; *Further Poems* del 1929; *Centenary Edition* del 1930; *Unpublished Poems* del 1935; *Poems by Emily Dickinson* del 1937): questo perché, com'è noto, la Guidacci aveva pubblicamente confessato, nel 1986, che la sua scoperta della poesia della Dickinson aveva a che fare con un libro ricevuto in dono nel 1945 da un soldato americano[30].

La nipote aveva ammorbidito molto il dettato dei versi di Emily, vi aveva inserito della punteggiatura a ricomporre il ritmo franto degli *enjambements* e aveva riaccorpato il discorso ordinandolo in quartine: aveva, dunque, stravolto il passo «spasmodico» che avevano le poesie della Dickinson. Ecco perché le prime traduzioni di Guidacci (Firenze, Cya, 1947) appaiono, talora, lontane dal reale ritmo dickinsoniano; anche se va sottolineato che, nella silloge da lei curata nel 1961 (per Sansoni), la Guidacci aggiunse al corpus alcune poesie, rifacendosi alle raccolte di testi originali apparse successivamente al 1945[31], ma non volle rimettere mano a quelle che aveva pubblicato in precedenza, scelta che – secondo la Lanati (e anche secondo la sottoscritta) – va rispettata, perché il suo primo incontro con la poetessa era rappresentato da quelle edizioni rimaneggiate e ammorbidite, e

> quando si lavora a un testo e si crede nel senso che quell'incontro ha nella propria vita, quando la "direzione" delle domande poste in quel testo si coniuga con la direzione delle domande che a quel punto in prima persona ci si sta ponendo, non lo si modifica[32].

---

29 *Ibid.*: 183.
30 Al riguardo mi permetto di rinviare a Panetta 2017: 89-103.
31 *Bolts of Melody*, a cura di M. Loomis Todd e M. Todd Bingham, del 1947, e *The Poems of Emily Dickinson, op. cit.*, del 1955.
32 Lanati 2001: 187.

Inoltre, quelle prime traduzioni avevano anche un valore storico-documentario in relazione alla fortuna delle varie versioni del testo dickinsoniano e alle ragioni del suo successo.

Dall'esame condotto dalla Lanati emerge che quasi tutti i componimenti tratti dall'edizione Bianchi ne rispettano alla lettera struttura musicale, organizzazione formale e lessicale, e anche la punteggiatura, il che è, senza dubbio, dovuto al senso di devozione e gratitudine provato da Margherita per la poesia della Dickinson.

Diverso il caso delle versioni da Elisabeth Bishop, la più importante poetessa americana alla Guidacci contemporanea, morta nel 1979. Nel 1982 per Rusconi uscì un'antologia curata da Guidacci e intitolata *L'arte di perdere*. Da sottolineare che il titolo non corrisponde a nessuna raccolta della Bishop, ma si trova nel *refrain* («*The Art of Losing*») di un testo, *One Art*, appartenente alla sua ultima silloge, *Geography III*, del 1976. Quei versi presentano un elenco di perdite nella forma di una villanella (19 versi) che si snoda per tre terzine, dal tono apparentemente ironico e scherzoso, seguite da una quartina che sottolinea, al contrario, come la perdita sia realmente un dramma. La si legga nella traduzione di Guidacci:

Un'arte

L'arte di perdere non è troppo ardua.
Tante cose dimostrano l'intento
d'esser perse. Se avviene, non è un dramma.

Perdi una cosa al giorno. Accetta l'ansia
delle chiavi smarrite, dell'ora male spesa.
L'arte di perdere non è troppo ardua.

Perdi di più e più in fretta, per far pratica.
Luoghi, nomi, e dov'era che volevi
fare un viaggio. Nulla sarà un dramma.

Ho perso l'orologio della mamma.
Ora, l'ultima o quasi di tre case dilette.
L'arte di perdere non è troppo ardua.

Ho perso due città, molto belle. E più vasti
regni che possedevo, due fiumi, un continente.
Mi mancano, ma non è stato un dramma.

Anche perdere te (la voce gaia,
un gesto amato) non mi smentirà.
L'arte di perdere non è troppo ardua
anche se può sembrare (*scrivi!*) un dramma.

Tramite raffinati riscontri testuali, Bianca Tarozzi ha ipotizzato, al riguardo, che la perdita in questione riguardi, in realtà, il poeta, che ricostruisce l'oggetto della poesia *in absentia* ed è, dunque, soggetto a perdita, condannato a rappresentarlo a memoria o, tutt'al più, ad evocarne l'assenza o la mancanza. Decidendo per quel titolo, dunque, Guidacci ha operato uno spostamento semantico forte, sottolineando e rispettando l'assoluta naturalezza del dettato poetico della Bishop anche nella scelta di rendere il «*disaster*» finale con il colloquiale «non è un dramma», laddove una traduzione letterale non avrebbe potuto mantenere un'adeguata coerenza stilistica. La stessa scelta di non conservare le rime della Bishop e di sostituirle con l'endecasillabo, che dà unità strutturale alla composizione, va nella medesima direzione. Proprio in questo, secondo la Tarozzi, consiste il punto di forza delle traduzioni della Guidacci: «una padronanza ritmica, più che rigidamente metrica, che mantiene la distanza dell'oggetto e la traduce, per l'appunto, in stile»[33].

Un'ultima annotazione; la Guidacci tende a privilegiare, nella produzione della Bishop, le liriche tratte dalle prime raccolte e tramite un'analisi testuale non superficiale si rileva che, nonostante la distanza, si può rintracciare un comun denominatore tra tali sillogi e la poesia della traduttrice: l'influenza di Eliot sta a indicare che «la relazione tra il visibile e l'invisibile è al centro della produzione poetica di entrambe»[34] e che «Margherita Guidacci è certamente sia antiermetica che eliotiana. Ma forse più eliotiana di quanto non sia antiermetica»[35]. E un'ulteriore conferma di tale opinione è fornita dagli studi dedicati da Armando Pajalich alle versioni eliotiane di Margherita Guidacci, messe a confronto con quelle di Cecchi, Rizzardi, La Capria e Donini[36]; anche Pajalich ha potuto concludere che gli elementi che rendono interessanti le traduzioni di Eliot e Bishop allestite da Guidacci sono i medesimi: la naturalezza del dettato poetico, l'efficacia ritmica e la varietà delle soluzioni metriche adottate. La poetessa stessa, infatti, era convinta che nelle traduzioni non si dovesse «mirare alla sovrapposizione ma alla equivalenza [...] occorre trovare un ritmo – diversissimo magari, ma consono»[37].

E torniamo all'assunto di partenza: ovvero che, essendo le traduzioni letterarie non strumentali riproduzioni di testi bensì testi esse stesse (chi scrive ne è fermamente persuasa), anche solo da queste rapide indagini sembra emergere con

---

33 Tarozzi 2001: 205.
34 *Ibid.*: 211.
35 *Ibid.*
36 Cfr. Pajalich 1973.
37 Guidacci 1982.

una certa evidenza quale sia l'orientamento della *postura traduttiva* di Margherita Guidacci. Lungi dall'accontentarsi di una traduzione-vocabolario, che aderisca ai significati letterali dell'originale, non contenga errori di interpretazione e tenga conto del contesto socio-culturale e dell'etimo (che identifica l'attitudine cosiddetta *source oriented*[38]), Margherita Guidacci sembra propendere più per una traduzione «estetica» (*target oriented*), una vera e propria riscrittura poetica del testo di partenza.

Riprendendo Jacobson e interpretandolo correttamente, non si può, dunque, non concordare sul fatto che

[la] paronomasia regna nell'arte della poetica. Che tale dominio sia assoluto o limitato, la poesia è intraducibile per definizione. È possibile soltanto la trasposizione creatrice: all'interno di una data lingua (da una forma poetica all'altra), o tra lingue diverse[39].

Bibliografia

Benjamin, W. (1955), Die Aufgabe des Übersetzers. In: Id. *Schriften*. Frankfurt: Suhrkamp; trad. it. (1962), Il compito del traduttore, a cura di R. Solmi. In: Id. *Angelus Novus*. Torino: Einaudi, 39–52.

Bonnefoy, Y. (2000), *La Communauté des traducteurs*, Strasbourg: Presses Universitaires de Strasbourg.

Buffoni, F. (2001), Gli incontri «poietici» di Margherita Guidacci. In: M. Ghilardi (a cura di). *Per Margherita Guidacci*. Atti delle Giornate di Studio, Lyceum Club, Firenze, 15–16 ottobre 1999, Firenze: Le Lettere, 171–178.

Carando, S. (2004), Margherita Guidacci. In: *Dizionario Biografico degli Italiani Treccani*, vol. 61, consultabile alla URL: http://www.treccani.it/enciclopedia/margherita-guidacci_(Dizionario-Biografico)/ [ultima consultazione: 24 ottobre 2019].

Croce, B. (1900), Tesi fondamentali di un'Estetica come scienza dell'espressione e linguistica generale, *Atti dell'Accademia Pontaniana* di Napoli, Tip. della R. Università, a. XXX, 1900, Memoria n. 7, febbraio-maggio 1900.

Croce, B. (1902), *Estetica*, Palermo: Sandron.

Croce, B. (1936), *La Poesia*, Bari: Laterza.

Croce, B. (1939), Intorno a un'antologia delle traduzioni italiane delle liriche del Goethe, *La Critica* a. XXXVII, 59–67; rist. in: Id. (1946). *Goethe*, IV ed. Bari: Laterza, vol. II, 148–162.

---

38 Tale dicotomia è già rintracciabile nel pensiero di Schleiermacher e Humboldt.
39 Jacobson 1963 (trad. it. 1966: 63).

Croce, B. (1941), Il giudizio della poesia su traduzioni, *La Critica* a. XXXIX, 379–381; rist. in: Id. (1945). *Discorsi di varia filosofia*. Bari: Laterza, vol. II, 90–94.

Curreli, M. (2001), Pound, Conrad, Gissing nelle traduzioni di Margherita Guidacci. In: M. Ghilardi (a cura di). *Per Margherita Guidacci*. Atti delle Giornate di Studio, Lyceum Club, Firenze, 15–16 ottobre 1999, 215–226.

Eliot, T. S. (1957) [1920], Tradizione e Ingegno Individuale. In: M. Dauwen Zabel (a cura di). *Antologia della critica americana del '900*. Roma: Edizioni di Storia e Letteratura (ed. orig. [1953]: Tradition and the Individual Talent. In: Id. *Selected Prose*, a cura di J. Hayward. London: Penguin Books).

Flabbi, L. (2008), *Dettare versi a Socrate. Il traduttore di poesia come imitatore*, Firenze: Le Lettere.

Guidacci, M. (1982), Leopardi e il mondo biblico. In: *Leopardi e il mondo antico*, Atti del V Convegno Internazionale di studi leopardiani, Recanati, 22–25 settembre 1980. Firenze: Olschki.

Guidacci, M., PieracciHarwell, M. (2016), *Specularmente. Lettere, studi, recensioni*, Pistoia: Editrice Petite Plaisance.

Jacobson, R. (1963), *Essais de linguistique générale*, Paris: Editions de Minuit; trad. it. (1966), *Saggi di linguistica generale*, a cura di L. Heilmann, L. Grassi, Milano: Feltrinelli.

Lanati, B. (2001), Margherita traduce Emily. In: M. Ghilardi (a cura di). *Per Margherita Guidacci*. Atti delle Giornate di Studio, Lyceum Club, Firenze, 15–16 ottobre 1999, 179–200.

Meschonnic, H. (1995), *Politique du rythme politique du sujet*, Verdier: Lagrasse.

Mounin, G. (1955), *Les belles infidèles*, Paris: Cahiers du Sud; poi (1994) Lille: Presse Universitaire de Lille.

Nasi, F. (2016), La centralità dei poeti-traduttori: la rivista «Testo a fronte». A colloquio con Franco Buffoni, *Tradurre* 10, consultabile alla URL: <https://rivistatradurre.it/2016/05/la-centralita-dei-poeti-traduttori-la-rivista-testo-a-fronte/> [ultima consultazione: 24 ottobre 2019].

O'Brien, C. (2001), Margherita Guidacci e la letteratura irlandese. In: M. Ghilardi (a cura di). *Per Margherita Guidacci*. Atti delle Giornate di Studio, Lyceum Club, Firenze, 15–16 ottobre 1999, 227–238.

Pajalich, A. (1973), *Problems, Analysis and Appraisals of Some Italian Translations of T. S. Eliot's Poetry*, tesi discussa a Venezia, presso l'Università Ca' Foscari.

Panetta, M. (2017), Luci e ombre di Margherita Guidacci. In: E. Di Iorio, F. Zangrilli (a cura di). *Poesia. Dentro e fuori le avanguardie*, Atti del Convegno internazionale di Tuscania, 12–13 gennaio 2017. Caltanissetta: Salvatore Sciascia editore, 89–103.

Solonovič, E. (1997), La traduzione letteraria dal russo all'italiano, *Slavia, rivista trimestrale di cultura* 4/1, 147–167.

Steiner, R. (1975), *After Babel. Aspects of Language and Translation*, Oxford: Oxford University Press; trad. it. di R. Bianchi, C. Béguin (2004), *Dopo Babele. Aspetti del linguaggio e della traduzione*, Milano: Garzanti.

Tarozzi, B. (2001), L'arte di perdere. In: M. Ghilardi (a cura di). *Per Margherita Guidacci.* Atti delle Giornate di Studio, Lyceum Club, Firenze, 15–16 ottobre 1999, 201–214.

Traina, A. (1970), *Vortit barbare. Le traduzioni poetiche da Livio Andronico a Cicerone*, Roma: Edizioni dell'Ateneo.

Vegliante, J.-C. (1991), *Décrire de la traduction*, Paris: Presse Sorbonne Nouvelle.

Rossella Pugliese

Università della Calabria

Viele Tiere – eine Sprache? Mehrsprachigkeit zwischen Laut und Schrift am Beispiel von Tierlauten. Zur Funktion von Onomatopoetika bei Michael Stavarič und ihre Übersetzung ins Italienische

Abstract This essay highlights the topic of onomatopoetics — especially animal sounds — and their functions in literary texts. The children's book *Gaggalagu* by Michael Stavarič will serve as an example. Based on this concrete example and on the latest research results, it will be shown that onomatopoeia as a linguistic universal and as a linguistic principle, allows communication and that used as a literary device it has a wide range of functions with positive impact. Thus, the thesis here is that onomatopoetics are not only an example of a universally understandable means of communication, but also an extraordinary literary stylistic device to express cultural differences and their possible overcoming. Against this background, firstly an overview of different definitions of onomatopoetics in the scientific discussion will be given, secondly the description of the functions of onomatopoetics in Michael Stavarič's children's book *Gaggalagu* will follow. Finally, the translationally relevant specificities of onomatopoetics, as well as the applied strategies for their translation into Italian will be discussed.

Keywords: *Children's Literature; Translation; Onomatopoeia*

1. Einleitung[1]

Der vorliegende Aufsatz beleuchtet das Thema Onomatopoetika – insbesondere Tierlaute – und ihre Funktion in literarischen Texten. Als Beispiel soll das Kinderbuch *Gaggalagu* von Michael Stavarič dienen. Der thematische Fokus des Buches liegt auf Sprache, Identität, Differenz und (interkultureller) Kommunikation. Tierlaute aus aller Welt, die stellvertretend die menschliche Sprache repräsentieren, stehen darin im Mittelpunkt. Tiere *sprechen* anders, in Abhängigkeit

---

1   Die Ausdrücke Onomatopöien, Onomatopoetikum/-ka und Lautmalerei werden hier synonym verwendet.

des Aufenthaltsortes, haben aber eine gemeinsame *Natur* – das Tiersein. Dieses Gemeinsame ermöglicht Kommunikation trotz Unterschieden.

Vom konkreten Beispiel und von neuesten Forschungsergebnissen ausgehend, soll gezeigt werden, dass Onomatopöie bzw. Lautmalerei als sprachliches Universal und linguistisches Prinzip[2] Kommunikation ermöglicht und dass ihr Einsatz als literarisches Mittel bei Michael Stavarič ein breites Funktionsspektrum besitzt, welches seine positiven Effekte nicht verfehlt. Onomatopoetika sind hier, so die These, nicht nur ein Beispiel für ein universelles, für alle verständliches Kommunikationsmittel, sondern auch ein außerordentliches literarisches Stilmittel, um kulturelle Differenzen und ihre mögliche Überwindbarkeit zum Ausdruck zu bringen. Dazu wird zunächst ein Überblick über verschiedene Definitionsversuche der Onomatopöie in der wissenschaftlichen Diskussion gegeben, um sodann auf den Einsatz von Onomatopoetika und ihre Funktionen in Michael Stavaričs Kinderbuch *Gaggalagu* im Besonderen einzugehen. Darauffolgend wird auf die translatorisch relevante Spezifität von Onomatopoetika hingewiesen und auf die bei der Übersetzung ins Italienische angewandten Strategien eingegangen.

2. Onomatopoetika – eine Begriffsbestimmung

Da die Definition des Begriffs in der wissenschaftlichen Literatur unterschiedlich ausfällt und äußerst umstritten ist, soll hier nur eine Begriffsbestimmung im Sinne einer Arbeitsdefinition erfolgen. Eine ausführlichere, detaillierte definitorische Auseinandersetzung mit dem Begriff würde den Rahmen dieses Beitrages sprengen.

Onomatopoetika gehören in der Tradition der deutschen Sprachwissenschaft zusammen mit Empfindungswörtern (*huch, aha, hm*), den Lock- und Scheuchrufen sowie den *sekundären Interjektionen*[3] zur Kategorie der sogenannten

---

2 Vgl. Bredin 1996: 568.

3 Auf die Diskussion über diesen Begriff soll hier nicht weiter eingegangen werden. Wichtig ist in diesem Zusammenhang, dass durch die Einführung der sogenannten *sekundären Interjektionen* Naturlaute von Gefühlsäußerungen abgegrenzt wurden (vgl. Wundt 1904: 309).

Reisigl definiert *sekundäre Interjektionen* als „sprachliche Gebilde, denen einzelne autosemantische Wörter oder Wortverbindungen […] zugrunde liegen, deren buchstäbliche, wörtliche Bedeutungen im Zuge einer kontinuierlichen Bedeutungsverflüchtigung respektive Deliteralisierung immer weiter in den semantischen ‚Untergrund' gedrängt und durch eine oder mehrere funktionale Bedeutungen im Gespräch überblendet worden sind" (Reisigl 1999: 15).

Interjektionen[4]. Wundt[5] führte darüber hinaus auch die Wortart der *primären Interjektionen* ein, die aus der Nachahmung von Naturlauten sowohl tierischer als auch menschlicher Natur entstanden seien. Diese könne man deshalb als *primär* betrachten, „weil sie die ursprünglichsten sind, und weil sie den Charakter von Naturlauten vollständig bewahrt haben"[6]. Zur Kategorie der *primären* Interjektion zählt Wundt auch Onomatopoetika, die anderweitige Geräusche nicht tierischen oder menschlichen Ursprungs sind. Emotionsäußerungen[7] ordnet er dagegen aufgrund ihres lexikalischen Ursprungs den *sekundären* Interjektionen zu. Onomatopoetika können also nicht mit Interjektionen im Allgemeinen gleichgesetzt werden, sondern sind sozusagen als eine ihrer Unterkategorien zu verstehen.

Die Diskussion um das Verhältnis zwischen Interjektion und Onomatopoetikum hat durchaus prominente Vorgänger[8] und setzt sich bis zur Gegenwart fort[9]. Viele Wissenschaftler haben sich immer wieder um eine stärkere Trennung zwischen Interjektionen und schall- und lautnachahmenden Ausdrücken bemüht[10].

Bußmann bezeichnet Onomatopöie als „Wortprägung durch Nachahmung natürlicher Laute, wie *kuckuck, miau, quieken, flutschen*"[11]. Andere von ihr benutzten Begriffe zur Definition der Onomatopöie sind auch „Klang-, Lautmalerei"[12]. Onomatopoetika sind ihr zufolge also neue Worte einer Sprache, allerdings keine bloße Nachahmung des natürlichen Lautes, sondern je nach Sprache an das phonologische Inventar angepasst, sodass das natürliche Vorbild unterschiedlich wiedergegeben werde. So stehen neben dem ‚deutschen' *kikeriki* das ‚englische' *cock-a-doodle-doo*, das ‚französische' *cocorico* usw.[13] Schon 1998 schlussfolgert Trabant[14], dass Onomatopoetika zwar auf phonologischer

---

4   Vgl. Schwentner 1924: 5; Wundt 1904: 309; Burkhardt 1998: 45–51.
5   Wundt 1904: 308.
6   *Ibid.*
7   Während in der allgemeinen Linguistik Onomatopoetika ein Randphänomen zu sein scheinen, kommt ihnen in der Emotionslinguistik eine bedeutende Rolle zu; vgl. Ortner 2014.
8   Beispielsweise Grimm 1890; Hermann 1912.
9   Vgl. Bredin 1996; Nübling 2004.
10 Vgl. James 1973; Ehlich 1986: 260; Fries 1988a, 1988b, 1992; Wierzbicka 1992; Schippan 1992: 73; Wilkins 1992; Burkhardt 1998; Reisigl 1999; Nübling 2001; Nübling 2004; O'Connell, Kowal 2008: 137–141.
11 Bußmann 2002: 484.
12 *Ibid.*
13 Vgl. *ibid.*
14 Vgl. Trabant 1998: 139.

und phonotaktischer Ebene in den einzelnen Sprachen voneinander abweichen, dennoch auch gewisse Übereinstimmungen aufweisen.

Selbst wenn man in der Vergangenheit in der Onomatopöie immer wieder eine *Urfunktion* der menschlichen Sprache gesehen hat[15] und manchmal auch heute noch davon ausgegangen wird[16], vertritt Bußmann die Meinung, dass es sich hierbei um „eine verhältnismäßig seltene Ausnahme von der Arbitrarität des sprachlichen Zeichens"[17] handelt und dass es „nicht als Hinweis auf lautmalenden Ursprung der Sprache gewertet werden [kann]"[18]. Demgegenüber steht für Schuppener[19] fest, dass

> [...] die von Ferdinand de Saussure behauptete Ausnahmerolle von Onomatopoetika als nicht artifizielle, sondern vielmehr natürlich motivierte sprachliche Zeichen [...] inzwischen wohl als widerlegt gelten [kann]. Onomatopoetika sind vielmehr kulturabhängig und oft nur innerhalb einer begrenzten Sprachgemeinschaft usualisiert und verstehbar, somit ebenfalls Ergebnis sprachlicher Konvention[20].

Auch für Theodor Lewandowski[21], für den Onomatopoetika sowohl direkte Lautnachahmung als auch Lautsymbolik umfassen, hat die onomatopoetische Wortbildung eine nur „relative Affinität mit natürlichen Erscheinungen"[22]. Die Beziehung zwischen Zeichen und Bezeichneten sei bei Onomatopoetika ebenso arbiträr wie bei anderen sprachlichen Zeichen auch. Lautmalende Tierlaute wie *wauwau, kikeriki, kuckuck* usw. sind für ihn daher keine originalgetreue Reproduktion natürlicher Laute, sondern vielmehr symbolischer Natur[23].

Bühler unterscheidet schon 1934[24] zwischen einer „*erscheinungstreue[n]* Wiedergabe" und einer „*relationstreue[n]* (oder gestalttreue[n])Wiedergabe"[25]. Er bezeichnet die „erscheinungstreue Wiedergabe"[26] als Abbildung akustischer außersprachlicher Ereignisse wie Geräusche, Tierstimmen oder menschliche

---

15 Vgl. Groß 1988: 229–234; Ehlich 1986: 174, 261; Burger 1980: 59; auch schon De
    Brosses 1765: 253.
16 Vgl. beispielsweise Curti 1890; Sommer 1933.
17 Bußmann 2002: 484.
18 *Ibid.*
19 Schuppener 2014.
20 *Ibid.*: 135; vgl. auch Schuppener 2013: 173f.
21 Vgl. Lewandowski 1985.
22 *Ibid.*: 733.
23 Vgl. *ibid.*
24 Bühler 1934.
25 *Ibid.*: 208.
26 *Ibid.*

Äußerungen durch sprachliche Phoneme. Zur „relationstreue[n] Wiedergabe"[27] zählt er auch Wörter, die Geräusche nicht unbedingt direkt benennen, aber darauf referieren können. Während die Erstgenannten die Zweitgenannten einschließen, gilt das umgekehrt nicht.

Havlik[28] unterscheidet zwischen „eigentlichen" und „umschreibenden" Onomatopöien. Er meint damit, dass eigentliche Onomatopoetika (etwa Geräusch imitierende Einheiten wie *BSSZ*, *BZZ* usw. für Insektenlaute) im Gegensatz zu umschreibenden weder referenzielle Bedeutung tragen noch deskriptive Funktion besitzen. Umschreibende Onomatopoetika (meist aus Verbstämmen und Substantiven abgeleitet, beispielsweise *kreisch, schnarch*) dagegen bezögen sich auf Vorgänge, Tätigkeiten und Gegenstände und die dabei erzeugten Geräusche, die sie allerdings nur lautlich benennen, jedoch nicht nachahmen würden. Groß[29] wiederum unterscheidet „lautmalende Wörter" wie zum Beispiel *piepsen* und *plätschern*, die „auf Geräusche oder auf Vorgänge oder Objekte, die in Zusammenhang mit Geräuschen stehen"[30], Bezug nehmen, „integrierte Onomatopoetika" (z. B. *Geklirr*), welche sich „nicht oder nicht ausschließlich auf ein Geräusch", dagegen „auf ein Objekt oder auf eine außerakustische ‚Bewertung' eines Geräusches oder einer Geräuschquelle"[31] beziehen, sowie „eigentliche" Onomatopoetika (z. B. *ticktack*), die sich „ausschließlich auf ein Geräusch"[32] beziehen; nur Letztere seien nicht flektierbar. Wesentliches Kriterium für echte Onomatopoetika scheint für Groß die unmittelbare Lautreferenz eines Ausdrucks zu sein.

In der Duden-Grammatik (2006) findet man folgende Definition: „Das Onomatopoetikum ist ein lautmalendes Wort und dient primär der Nachahmung von Lauten bzw. Schallereignissen vielerlei Art"[33] wie tierische Laute (z. B. *kikeriki, wau, wau*) und andere Laute (z. B. *ticktack, peng, boing, bum, tatütata*)[34].

Bestimmte Onomatopoetika werden auch zum Ausdruck von Emotionen verwendet[35]. Darauf verweist auch Schuppener[36], der sie sogar explizit

---

27 *Ibid.*
28 Havlik 1981: 38.
29 Groß 1988: 243.
30 *Ibid.*
31 *Ibid.*
32 *Ibid.*
33 Duden 2006: 599.
34 Vgl. ibid.
35 Vgl. Henne 1986: 104ff.
36 Schuppener 2010.

mit Emotionen in Verbindung bringt und drei emotionslinguistisch relevante Typen unterscheidet. Zu den emotionalen Onomatopoetika zählt er: tierische Lautäußerungen, die metaphorisch auf menschliche, emotionale Äußerungen übertragen werden (z. B. *gackern, quieken* oder *schnattern*), Naturlaute, die sich auf menschliche Emotionen beziehen (z. B. *gluckern* oder *quietschen*), und (vorwiegend) Verben, die direkter Ausdruck menschlicher Laute sind wie *kichern, plärren* usw.[37] Emotionale Onomatopoetika dienen demnach[38] der emotionalen Spezifizierung sprachlicher Äußerungen, die durch bloße Nachahmung oder Beschreibung von Lauten aus der Natur sowie tierischer oder menschlicher Lautäußerungen zustande kommen. Bei der metaphorischen Verwendung tierischer Laute für menschliche Gefühlsäußerungen „basiert die Übertragung auf einer Anthropomorphisierung von Tieren, denen man menschliche Eigenschaften zuschreibt, indem man ihre Äußerungen als emotionale Regungen deutet"[39]. Dies

> [...] reflektiert sowohl den Umstand, dass aus menschlicher Sicht auch Tieren Emotionen zugeschrieben werden, als auch die Charakterisierung von Tieren nach (kulturabhängigen und historisch tradierten) Stereotypen. Derartige Verben kommen in ihrer übertragenen Bedeutung nicht nur in literarischen Texten vor[40].

Nübling[41] hält fest, dass sich Onomatopoetika als „rein schallnachahmende Wörter" und Interjektionen zwar auf formaler Ebene sehr ähneln[42], allerdings dahin gehend divergieren, als dass sie „keinen eigenen Sprechakt [...] bilden, dass sie eine extrem offene Klasse mit zahlreichen konventionalisierten und nicht konventionalisierten Bildungen darstellen [...] und dass sie syntaktisch integriert sein können"[43]. Sie unterstreicht „die Notwendigkeit einer prinzipiellen Zweiteilung in Interjektionen im engeren Sinn und in Onomatopoetika [...], das heißt in satz- beziehungsweise textwertige Wörter, deren Primärfunktion zum einen der spontane Emotionsausdruck ist, zum anderen die Imitation von Schallereignissen"[44].

Abschließend sei der Begriff *Onomatopöie* nochmals mit dem der *Lautmalerei* bzw. *Lautsymbolik* in Verbindung gebracht. Den vorausgegangenen

---

37 *Ibid.*: 132, 135.
38 Vgl. *ibid.*: 130.
39 *Ibid.*: 132.
40 *Ibid.*
41 Nübling 2004: 13.
42 Vgl. *ibid.*: 37.
43 *Ibid.*
44 *Ibid.*: 38.

Erläuterungen zufolge kann Lautmalerei also als Nachahmung eines Laut-phänomens (menschlichen oder tierischen Ursprungs oder anderer Natur) in einer Sprache bezeichnet werden und ist in diesem Sinne also mit Onomatopöie gleichzusetzen[45]. Auch Elsen[46] bezeichnet Lautmalerei als „Schallnachahmung, Onomatopoesie, Onomatopöie", als „Wiedergabe eines Lautes oder anderen akustischen Phänomens durch ein klangähnliches Wort"[47].

Der Begriff *Lautsymbolik* dagegen geht nach Elsen über die Lautmalerei hinaus, es handele sich hierbei um die Zuordnung von Lauten zu Bedeutungs-elementen, sodass „die Lautebene zum Träger von Information wird"[48]. Laut-symbolik beziehe sich

> [...] nicht unbedingt auf die Bedeutung einzelner Laute, sondern darauf, dass phoneti-sche Merkmale, Töne, Sprachlaute, Lautkombinationen oder komplexere Lautstrukturen wiederholt bestimmte Assoziationskomplexe auslösen und dann mit Bedeutung(facett)-en in Beziehung stehen[49].

Aus diesem Grunde umfasst Lautsymbolik Elsen zufolge auch „Aspekte wie Schallnachahmung/Onomatopoesie (*ping-pong, klapp!*), den Ausdruck von Gefühlen (*au!, ih!*) oder Synästhesie, wenn Reize verschiedener Sinnesorgane verknüpft werden (*schnapp!*)"[50].

In dieselbe Richtung verweisen auch neuere Forschungsergebnisse. So spricht Dingemanse[51] über „[d]ie Ideophon-Systeme in den Sprachen der Welt", die von Sprechern genutzt werden, „um sinnlich/sensorische Bilder darzustellen"[52]. Diese könne man „in drei Typen von Ikonizität", in „drei Arten der Meinungs-Assozia-tionen" einteilen, mit denen „darstellende[...] Wörter[...] wie Ideophone [...], wahrnehmbare Analogien zu Ereignissen [...] bilden." Dabei handelt es sich um die sogenannte *direkte Ikonizität*, das heißt Geräusche, die durch Laute imitiert werden, die *Gestalt-Ikonizität*, das heißt Wörter, deren Struktur die Struktur der Ereignisse nachahmt[53], *relative Ikonizität*, das heißt ähnliche Wörter werden für ähnliche Ereignisse gebraucht, zum Beispiel *greep/graap/griip*[54].

---

45 Vgl. Glück 2005: 458.
46 Elsen 2014b.
47 *Ibid.*: 295.
48 Elsen 2014a.
49 *Ibid.*
50 *Ibid.*
51 Dingemanse 2013.
52 *Ibid.*
53 *Ibid.*
54 *Ibid.*

Für Hugh Bredin (1996) dagegen sind Onomatopoetika eindeutig von der Lautsymbolik zu trennen. Er schlussfolgert daraus:

> Onomatopoeia is a different matter. Every human language is capable of denoting sounds and of denoting and connoting sound properties, and onomatopoeia is therefore a universal possibility in all languages. [...] onomatopoeia is, in some sense or other, a linguistic universal[55].

Die Tierlaute siedelt er auf der einfachsten Ebene der direkten Onomatopoetika an[56]. Dass diese allerdings in verschiedenen Sprachen häufig eine unterschiedliche Realisierung erfahren, wurde schon vielfach erwähnt[57]. Tierlaute sind – wie Onomatopoetika allgemein – stark sozio-kulturell determiniert und konventionalisiert[58]. So stellt schon Hilmer fest:

> Das Gepräge der Schallnachahmungen hängt nicht allein ab von der Art des nachgeahmten Schalles, sondern auch von der Ausdrucksfähigkeit des nachahmenden Menschen, oder vielmehr von seinen sprachlichen Gewohnheiten, die bekanntlich die Ausdrucksfähigkeit seiner Sprachwerkzeuge nicht annähernd erschöpfen[59].

Dieser kurze, gewiss nicht vollständige Abriss der Forschungsliteratur hat gezeigt, wie unscharf und uneinheitlich die Begriffe Onomatopoetik, Lautmalerei bzw. Lautsymbolik in der sprachwissenschaftlichen Literatur verstanden werden. In der vorliegenden Untersuchung werden die Ausdrücke Onomatopöie/Lautmalerei synonym als Herstellungsprozess eines lautmalerischen Ausdrucks und Onomatopoetikum bzw. Onomatopoetika in ihrer synchronischen Dimension als Ergebnis dieses Herstellungsprozesses verstanden, als lautmalerischer Ausdruck *per se*, als eine in der deutschen Sprache existierende Wortartenkategorie.

3. Onomatopoetika – zur Funktion von Tierlauten im Kinderbuch *Gaggalagu*

So verschieden die Begriffsbestimmungen sind, so zahlreich sind auch die in der Forschungsliteratur zu findenden Positionen bezüglich ihrer Funktionen.

So wird laut Nindl[60] „durch den Einsatz von Onomatopoetika im [literarischen] Corpus [...] Mündlichkeit im Erzählfluss suggeriert", sodass „[d]em Leser [...] das Gefühl vermittelt [wird], unmittelbar am Geschehen beteiligt zu

---

55 Vgl. Bredin 1996: 569.
56 Vgl. *ibid.*: 558; Bußmann 2002; Sornig 1986.
57 Vgl. Bußmann 2002: 484; Trabant 1998; Bredin 1996: 558; Schuppener 2010 u. a.
58 Vgl. Schuppener 2009: 131; Schuppener 2014: 137.
59 Hilmer 1914: 11.
60 Nindl 2010: 128.

sein". Die Funktion von Onomatopoetika zur Herstellung von Unmittelbarkeit wird auch von Schuppener[61] hervorgehoben. Dies sei, so Schwitalla[62], besonders für Erzählungen wichtig, in denen die Hörer bzw. die Gesprächsteilnehmer durch „viele Mittel" unmittelbar in die Schilderungen des Geschehens involviert würden. Das gilt auch für das Kinderbuch *Gaggalagu*[63]. Durch die Verwendung von Tierlauten wie zum Beispiel „i-go-go, i-go-go" (G: 25), die direkte Anrede des Lesers, wie zum Beispiel „Liebe Leserin und Leser, die Pferde in Russland klingen so" (G: 25), mit entsprechendem Endreim, wird die Sprache lebendig gemacht. Mittels Tierfiguren und ihrer Anthropomorphisierung (so z. B. „Pjotr, der Frosch", „Wassili, das Pferd", „Karina ein Schweinchen", G: 30; 25; 39) wird ein gewisses Identifikationspotenzial mit dem Gelesenen evoziert[64] und dadurch ein Grad an Unmittelbarkeit hergestellt.

Schwitalla[65] verweist überdies auch auf den Satzwert von Onomatopoetika, das heißt darauf, dass diese bei der Beschreibung von Geräuschen komplexe Sätze substituieren, also als Verkürzung von komplexeren Schilderungen fungieren und damit anschaulicher und plastischer seien. In *Gaggalagu* fungieren Onomatopoetika geradezu als eine Art *gepackte* Informationsträger. In einem Tierruf steckt nicht nur das Tier, welches ruft, sondern auch, warum es das tut. Wenn etwa der Hahn kräht, wird dem kindlichen Leser bewusst: Es muss früh am Morgen sein. Weil sich das rufende Tier in allen Kulturen ähnlich verhält, könnte man sagen, dass Onomatopoetika wie eine Art Ur-Sprache funktionieren. Auch wenn der Tierlaut nicht dem Laut entspricht, den man aus der eigenen Kultur gewohnt ist, funktioniert dieses *Entpacken* von enthaltenen Informationen. Onomatopoetika sind die direkteste Form von Sprache, diejenige, die auch ohne Sprachkenntnisse verstanden wird.

Darüber hinaus stellt Michael Stavarič in *Gaggalagu* mit den *Worten* der Tiere sehr greifbar ihre Unterschiedlichkeit dar, nämlich dass ein Tier in einem anderen Land anders wahrgenommen wird, und unterstreicht zugleich die Gemeinsamkeit. Ob ein Hahn wie in Island *gaggalagu* oder wie im englischsprachigen Raum *cock-a-doodle-do* oder wie in Deutschland *kikeriki* ruft, die Laute implizieren denselben Begriff. So können mit Onomatopoetiken subtile Botschaften transportiert werden: Unterschiede müssen nicht zwangsläufig trennen,

---

61 Schuppener 2014: 136.
62 Schwitalla 1997: 175.
63 Im Folgenden mit dem Kürzel G zitiert.
64 Vgl. Groß 1988.
65 Schwitalla 1997: 160.

sondern können auch verschiedene Aspekte, verschiedene Wahrnehmungen eines Gegenstandes sein.

Schuppener[66] und Elsen[67] machen auf den Gebrauch von Onomatopoetika in der Werbung aufmerksam, in diesem Bereich wirken sie als Ausdrucksverstärker und fungieren als mnemotechnischer Adjuvant, um die Botschaft einprägsamer zu gestalten. Im Kinderbuch von Stavarič dienen Onomatopoetika als literarisches Mittel nicht nur der Intensivierung des Ausdrucks. Mit ihrer Kürze bringen sie die inhaltliche Botschaft prägnant herüber, wobei nicht nur einzelne onomatopoetische Ausdrücke zum Einsatz kommen. Vielmehr wird auch durch Wortverknüpfungen, Reime oder andere rhetorische Figuren, insbesondere Wortspiele, die lautmalerische Wirkung hergestellt.

Mit Onomatopoetika kann also in der Literatur eine lesbare Verständnisebene geschaffen werden, die der durch direktes Sehen und Hören der beschriebenen Szene sehr nahekommt. Sie wecken und lenken also Aufmerksamkeit.

Havlik[68], Sornig[69], Schuppener[70] und Elsen[71] weisen auf die hohe Frequenz der Verwendung von Onomatopoetika in der Comicliteratur hin, wobei Sornig zum Beispiel Letztere in „onomatopoetisch bzw. lautsymbolisch gestützte Exponenten"[72], „Geräuschsignale, die aus anderen Sprachen (meist dem Englischen) mit keinen oder wenigen (graphemischen oder phonologischen) Änderungen übernommen sind"[73] und sogenannte „lexikalisierte deskriptive Muster"[74] unterteilt. Besonders Letztere sind laut Ehlich von einer „sprachspielerische[n] alltagspraktische[n] Ironie" begründet, „aus der sowohl die Comicleser wie auch diejenigen, die derartige Ausdrücke mündlich verwenden oder

66 Schuppener 2014: 135–145.
67 Elsen 2014a.
68 Havlik 1981.
69 Sornig 1986: 43–48.
70 Schuppener 2005, 2014.
71 Elsen 2014a.
72 Sornig 1986: 43–48, beispielsweise Geräuschwörter wie *ratatat, rums* oder *klatsch*, Tierlaute wie *wauwau, muh* oder *miau*, Gefühlswörter wie *pah* oder *juchhu*. Dazu gehören laut Sornig die im Deutschen konventionalisierten Interjektionen und Onomatopoetika.
73 *Ibid.*, zum Beispiel Geräuschwörter wie *roarr, schlurp* oder *slurp*, Tiersignale wie *arf* oder *har* oder Gefühlswörter wie *sgrompf*.
74 *Ibid.*, zum Beispiel Geräuschwörter wie *gähn, glitsch* oder *dröhn*, Tiersignale wie *wieher, schnaub* oder *zirp* und Gefühlswörter wie *stöhn* oder *knirsch*.

sie hören, spezifisches Vergnügen gewinnen"[75]. Eben dies ist deklariertes Ziel des Kinderbuches *Gaggalagu*.

Die emotionale Funktion von Onomatopoetika nach Schuppener wurde bereits im 2. Kapitel dargelegt. Ein Laut ist bei Mensch und Tier ein direkter Gefühlsausdruck. Eine innere Befindlichkeit wird hörbar und dadurch verstehbar. Diese urtümlichste Form der Kommunikation, die archaischer und direkter, zugleich aber auch einheitlicher als Sprache ist, kommt durch Onomatopoetika zustande. In *Gaggalagu* zeigt Stavarič deutlich, dass Unterschiede nicht trennend sein müssen und dass Verstehen möglich ist, selbst wenn die *Sprachen* ganz verschieden sind.

Laut Elsen[76] haben onomatopoetische Ausdrücke auch die Funktion, beim Leser/Hörer den Eindruck sensorischer Wahrnehmungen (z. B. Farbe, Gestik, Mimik, Geräusche, Bewegung) zu vermitteln.

Gaggalagu verfügt über einen hohen Anteil onomatopoetischer Ausdrücke, die zur sensorischen Wahrnehmung von Bewegung, Form und Farbe beitragen. Erkennbar sind hierbei

> […] Tendenzen, bestimmte Sinneswahrnehmungen mit akustischen Einheiten zu assoziieren. Wenn ikonische Zusatzinformationen wie Farben, Stimmführung, Gestik oder Mimik die Präsentation von Lautmaterial begleiten, verstärken oder ermöglichen sie dadurch die bewusste Wahrnehmung von Sprachlauten. Diese Informationen verbessern das Erinnern, da ein größerer neuronaler Bereich aktiviert und vernetzt wird. Gerade jüngere Kinder sind rein aufgrund noch nicht festgelegter neuronaler Netze besonders empfänglich. Aber auch Erwachsene profitieren von derartigen Stützen beim Entdecken von Unterschieden, beim Erinnern motorischer Abläufe bei der Aussprache und beim Koppeln von Klangkörper und Inhalt[77].

Der extensive Einsatz von verschriftlichten und farbig markierten Tierlauten und Geräuschen ist in *Gaggalagu* – zusammen mit den damit verknüpften farbigen Bildern und Illustrationen – Anzeichen für die Bemühung Stavaričs (und der Illustratorin Habinger), dem Leser bzw. Hörer die Wirklichkeit seiner erzählten Welt sinnlich erfahrbarer zu machen[78]. Liest oder hört zum Beispiel ein deutsches Kind *gaggalagu*, ergibt dieses Wort keinen Sinn. Selbst wenn es einen Hahn dazu sieht, stellt es den Zusammenhang nicht her. Ein isländisches Kind hingegen muss den Hahn gar nicht sehen, es weiß, dass er da ist. Es hört *gaggalagu* und weiß: So ruft der Hahn. In der Kommunikation ist die direkte sinnliche

---

75 Ehlich 1986: 264.
76 Elsen 2014a.
77 Elsen o. J.
78 Vgl. Schuppener 2010.

Wahrnehmung der unmittelbarste und direkteste Weg des Mitteilens und Verstehens.

Ein weiteres wichtiges Spezifikum von Onomatopoetika im Allgemeinen und von Tierlautbezeichnungen im Besonderen besteht darin, dass sie die durch sozio-kulturelle Einbindung determinierte lautliche Wahrnehmungs- und Assoziationspotenziale der Sprecher[79] wiedergeben, das heißt die unterschiedlichen Formen in verschiedenen Sprachen reflektieren unterschiedliche Wahrnehmungen und die kulturspezifisch bedingte Hörsozialisation[80] einer Sprachgemeinschaft. Das Wort bildet also die Wirklichkeit nicht ab, sondern erschafft sie in der Wahrnehmung der Sprechenden und Hörenden. Jede Kultur hat eine Mentalität und ein Grundtemperament. Wer sich das Vergnügen macht, die vielen Onomatopoetika laut vorzulesen und auf sich wirken zu lassen, wird ein Gefühl für die Mentalität anderssprachiger Mitmenschen bekommen.

4. Zur Übersetzung von Onomatopoetika ins Italienische

In der Kinder- und Jugendliteraturforschung wird der Begriff *Kinder- bzw. Jugendliteratur* sehr unterschiedlich und heterogen definiert. Im Folgenden wird Kinderliteratur nach Hunt[81] sowohl als die für Kinder intentional geschriebene, als auch die von ihnen gelesene Literatur verstanden, ungeachtet dessen, ob diese für sie intendiert war. Hunt verweist auf die sehr unscharfen Grenzen dieses Textgenres und plädiert für eine Definition, die von rein inhaltlichen, formalen Merkmalen sowie der Autorintention abstrahiert, vielmehr aber auf den Leser fokussiert. So konstatiert auch Ewers:

> Die Eigenschaft, Kinder- und Jugendliteratur zu sein, wird Texten, welcher Art und Herkunft auch immer, zunächst einmal bloß zugeschrieben. Der Gegenstand „Kinder- und Jugendliteratur" konstituiert sich vorerst nicht auf der Ebene des Textes, sondern auf der der Textverwendung – und zwar auf derjenigen Verwendungsebene, auf der es um die Textzuteilung an bestimmte Lesergruppen geht[82].

Gaggalagu erschien erstmals 2006 beim Kookbooks-Verlag, eingeordnet in die *Reihe Kinderbuch*; es geht also um einen für die kindliche Zielgruppe empfohlenen Text[83], scheint aber dennoch auch „für alle Menschen im Alter von 0 bis 99 [...] Jahre" geschrieben worden zu sein und gehört laut Stavarič zu den

---

79 Vgl. *ibid.*: 131; vgl. Schuppener 2009.
80 Vgl. *ibid.*
81 Vgl. Hunt 1990: 1; Hunt 1991: 60–64.
82 Ewers 2002: 843.
83 Leseniveau 8–10 Jahre.

„Kinderbüchern für Erwachsene"[84]. Diese Zielgruppe muss also auch bei der Übersetzung im Zentrum der Aufmerksamkeit stehen.

Bereits auf dem Buchcover antizipieren schwarze Tierfiguren mit bunten, auf ihre Körper gestanzten Tierlauten gerade diese onomatopoetische Kategorie, die im typischen Kookbooks-Font-Format auch in den einzelnen Geschichten eine zentrale Rolle spielt. Sie werden durchgehend farbig hervorgehoben, um sie als sprachliche Repräsentation von Tierlauten kenntlich zu machen und einen „expressiven Effekt"[85] zu erzielen. Sie stellen sozusagen eine „auditive Verbalebene"[86] dar und sind zusammen mit den emotionalen Onomatopoetika[87] ein relevantes Übersetzungsspezifikum des Kinderbuches. In der Übersetzungswissenschaft sind Onomatopoetika als stark sprach- und kulturgebundene Elemente bisher nur sehr spärlich behandelt worden[88]; insbesondere mit Bezug auf das Sprachenpaar Deutsch-Italienisch stehen einschlägige Studien noch weitgehend aus.

Bezüglich der Übersetzung von Kulturspezifika in der Kinderliteratur im Allgemeinen stehen sich von einem theoretischen Standpunkt aus zwei translatologische Positionen und entsprechende Strategien gegenüber. Diese schwanken zwischen den Polen der kreativen Übersetzung, welche eine bearbeitende Adaptation bzw. eine sprachliche und kulturelle Anpassung an das zielsprachliche Publikum vorzieht[89] und damit zu einer zielsprachenorientierten Übersetzungsstrategie neigt, und der Übernahme bzw. Bewahrung der fremden sprachlichen und kulturellen Elemente des ausgangssprachlichen Textes, welche eine verfremdende, quellenorientierte Übersetzungsstrategie anvisiert[90].

Während Erstere darauf fokussiert, dem zielsprachlichen Leser dasselbe Vergnügen zu verschaffen wie dem Leser des Originals[91], zielt der zweite Ansatz darauf ab, bei der Translation in zielsprachliche Texte die Neugier des Lesers (u./o. des Hörers) für das Unbekannte zu wecken, und bewahrt so zum Beispiel den Reiz der fremden Onomatopoetika[92].

---

84 Michael Stavarič, zit. nach Cornejo 2010: 536f.
85 Schmitt 2006: 269.
86 *Ibid.*: 268.
87 Vgl. Schuppener 2010: 130.
88 Vgl. Sornig 1986; Sierra Soriano 1999; Kaindl 2004; Valero Garcés 2000; Schuppener 2005.
89 Vgl. Oittinen 2006.
90 Vgl. Klingberg 1986.
91 Vgl. Bell 2004.
92 Vgl. *ibid.*

Um die unter Punkt 3 besprochenen narrativen Funktionen der Onomatopoetika des deutschen Ausgangstextes (AT) *Gaggalagu* im italienischen Zieltext
(ZT) soweit wie möglich konstant und zielgruppenadäquat zu bewahren, wurden beide Übersetzungsansätze kombiniert. Denn wenngleich die Übersetzung
eines Kinderbuches ein gewisses Maß an Anpassung an den zielsprachlichen
Kontext impliziert[93], verfehlt sie ihren eigentlichen Zweck, wenn alles Fremde
ersatzlos gelöscht wird. Die Aufhebung der fremdkulturellen Besonderheiten
oder die Substitution ausgangssprachlich-kultureller Elemente durch zielsprachliche Äquivalente stimulieren weder die Neugier der Leser für fremde Kulturen
noch sind sie der Sensibilisierung für das Fremde und das Andere förderlich.

Bei den vom Autor extensiv eingesetzten onomatopoetischen Varianten handelt es sich einerseits um Onomatopoetika, die tierische Lautäußerungen wiedergeben[94] und andererseits um onomatopoetische Verben, die auf tierische
Laute referieren und diese durch gewisse Lautsequenzen regelrecht *erklingen*
lassen. Viele von ihnen gehören zu den bereits mehrfach zitierten emotionalen Onomatopoetika[95], mit denen metaphorisch auch emotionale menschliche
Regungen ausgedrückt werden können (z. B. *fiepsen, grunzen* oder *schnattern*).

Die Tierlaute wurden in der italienischen Fassung[96] aus den Originalsprachen
des AT übernommen, das heißt bewusst nicht übersetzt; ihre Funktion als Kulturspezifika, die nicht zwangsläufig trennen, sondern auch verschiedene Wahrnehmungen desselben sein können, sollte erhalten bleiben.

Des Weiteren sind die Laut imitierenden Wörter integraler Bestandteil der
vielen Illustrationen, die verdeutlichen, wie diese Tiere und ihre Welt aussehen.
Da sich visuelle und textuelle Ebene gegenseitig beeinflussen[97], hätte ihre Ände-
rung im ZT auch einen Eingriff in die Graphik erforderlich gemacht.

Da der ZT für seine LeserInnen dieselbe Wirkung wie der AT haben sollte,
wurden neben den Illustrationen auch die Schrifttype (*kookbooks*) sowie das
gesamte Layout des Originals bewahrt, um eine bewusste Wahrnehmung der
Sprachlaute zu gewährleisten. Besonders die spielerische, unterhaltende Funktion des Textes, die dem individuellen Stil des Autors entspricht, sollte durch

---

93 Vgl. Oittinen 2006.
94 Wie zum Beispiel das Blöken der Schafe: *baa baa, bee bee, mieh mieh, me me, bäh bäh;*
    der Hahnenschrei: *kuckeliku, gaggalagu, kikeriki, cocorico, cocorico, ququququ, cock-a
    doodle-doo cock cock;* Vogelgezwitscher: *chunchun, tswit, tswit, piu piu, cip cip, pi pi pi,
    ciu ciu crr, tweet, tweet;* Eselsgeschrei: *i-ha-ha, i-ha-ha, hin-hin-hin* usw.
95 Vgl. Kapitel 2.
96 Pugliese 2020.
97 Vgl. Oittinen 1990.

Bewahrung der lautmalenden Wörter wiedergegeben werden. Die künstlerische Gestaltung des Originals, welche durch Melodie, Rhythmus und Klang der Onomatopöien geprägt ist, sollte auch für das Zielpublikum der italienischen Übersetzung erschließbar sein. Trotz oft großer Differenzen sind sie aus dem Kontext heraus auch für den zielsprachlichen Leser verständlich.

Im Gegenzug dazu wurden die sogenannten emotionalen Onomatopoetika[98] dem zielsprachlichen Publikum angepasst. Bestimmte Laute bzw. Lautsequenzen des Originals konnten, wie folgende Beispiele zeigen, auch in der italienischen Übersetzung reproduziert werden[99]. Aus „fie**psen**" (G: 36), und „**pie**psen" (G: 37) wurde *squittire*, aus „**grun**zen" (G: 39) wurde *grugnire*, aus „**schnattern**" (G: 21) *starnazzare*, aus „**nu**scheln" (G: 15) *farfugliare*, wodurch im ZT derselbe onomatopoetische Charakter bzw. derselbe auditive Effekt und dieselben Bedeutungen und Konnotationen der Ausdrücke wie zum Beispiel Scherz oder Abfälligkeit hergestellt werden konnten. Auch ihr metaphorischer Bezug auf menschliche Emotionen konnte in der italienischen Version entsprechend erreicht werden. So bezieht sich beispielsweise sowohl das deutsche Verb *schnattern*[100] als auch das italienische *starnazzare*[101] nicht nur konkret auf das Schnattern von Gänsen bzw. Enten. Im übertragenen Sinn ist in beiden Fällen auch ein aufgeregtes Reden über meist nebensächliche Inhalte gemeint, ein Begriff, der oft scherzhaft oder abwertend Frauen zugeschrieben wird[102].

5. Fazit

Gegenstand des vorliegenden Beitrags waren die Funktionen der Onomatopoetika, speziell der Tierlaute sowie der Laut implizierenden Verben im Kinderbuch *Gaggalagu* und ihre translatorischen Implikationen bei der Übersetzung ins Italienische. Es konnten vielfältige, sprachwissenschaftlich fundierte Funktionen festgestellt werden, die in Stavaričs Buch als sprachstilistisches Mittel zum

---

98 Vgl. zum Beispiel „quaken" (G: 35); „fiepsen" (G: 36); „piepsen" (G: 37); „grunzen" (G: 39); „trällern" (G: 14); „trompeten" (G: 15); „wiehern" (G: 26); „schnattern" (G: 21); „säuseln" (G: 17); „flöten" (G: 16); „nuscheln" (G: 15); „krähen" (G: 14); „blöken" (G: 13).

99 In den genannten Beispielen sind hier die entsprechenden Laute, bzw. Lautsequenzen zur besseren Anschaulichkeit durch Fettschrift hervorgehoben.

100 Vgl. *schnattern* auf *Duden online*. Verfügbar unter: <https://www.duden.de/rechtschreibung/schnattern#bedeutungen> [Zugriff am 29.07.2018].

101 Vgl. *starnazzare* auf *Treccani.it – Vocabolario Treccani on line*. Verfügbar unter: <http://www.treccani.it/vocabolario/starnazzare/>[Zugriff am 29.07.2018].

102 *Ibid.*

Einsatz kommen. Dazu gehört unter anderem, dass der Leser unmittelbar in den Text hineingezogen wird, dass Emotionen und kulturelle Eigenheiten transportiert werden und die Tierlaute durch sensorische Wahrnehmungen ergänzt werden, sodass die kindliche Zielgruppe insgesamt direkt involviert wird.

Als literarisches Stilmittel fungieren Onomatopoetika hier insbesondere als linguistisches Prinzip[103], als Beispiel für ein universell verständliches Kommunikationsmittel, um kulturelle Differenzen und ihre mögliche Überwindbarkeit zum Ausdruck zu bringen.

Ausgehend von der Überzeugung, dass Übersetzung eine wichtige Rolle bei der Erziehung zur kulturellen Vielfalt spielt[104], wurde hier für eine Übersetzungsstrategie plädiert, welche ein ausgewogenes Verhältnis zwischen Vertrautheit und Fremdheit anstrebt. Will die italienische Übersetzung ihr Ziel nicht verfehlen, muss sie versuchen, den kindlichen Leser einerseits mit vertrauten Bildern und Wörtern zu verführen – und ihm zugleich das Vergnügen am Fremden, an der Andersartigkeit und Undurchdringlichkeit nicht zu versagen. Eben diese Dinge sind es, welche die interkulturellen Fantasien der Kinder befeuern[105].

Literaturverzeichnis

Bell, A. (2004), *Translation as Illusion.* Verfügbar unter: <https://www.brunel. ac.uk/account/login?ReturnURL=/creative-writing/research/entertext/documents/entertext0431-supplement/Anthea-Bell-pdf-Translation-as-Illusion. pdf>.

Bredin, H. (1996), Onomatopoeia as a Figure and a Linguistic Principle, *New Literary History* 27/ 3, Literary Subjects (Summer), 555–569.

Burger, H. (1980), Interjektionen – eine Randwortart? In: H. Sitta (Hrsg.). *Ansätze zu einer pragmatischen Sprachgeschichte.* Tübingen: Niemeyer, 53–69.

Bühler, K. (1934), *Sprachtheorie. Die Darstellungsfunktion der Sprache,* Jena: Fischer Verlag.

Burkhardt, A. (1998), Interjektionen: Begriff, Geschichte(n), Paraphrase. In: T. Harden, E. Hentschel (Hrsg.). *Particulae particularum.* Tübingen: Stauffenburg Verlag, 43–73.

Bußmann, H. (2002), *Lexikon der Sprachwissenschaft,* Stuttgart: Alfred Kröner Verlag.

---

103 Vgl. Kapitel 1.
104 Vgl. Puurtinen 1998.
105 Vgl. Hoving 2006.

Cornejo, R. (2010), *Heimat im Wort. Zum Sprachwechsel der deutsch schreibenden tschechischen Autorinnen und Autoren nach 1968. Eine Bestandsaufnahme*, Wien: Praesens.

Curti, T. (1890), *Die Sprachschöpfung. Versuch einer Embryologie der menschlichen Sprache*, Würzburg: Stuber.

De Brosses, C. (1765), *Traité de la formation mechanique des langues, et des principes physiques de l'étymologie*, vol. I, Paris: Saillant.

Dingemanse, M. (2013), Wie wir mit Sprache malen – How to Paint with Language. Forschungsbericht 2013 – Max-Planck-Institut für Psycholinguistik. In: *Max-Planck-Gesellschaft Jahrbuch 2013*. München: Max Planck Society for the Advancement of Science. Verfügbar unter: <http://www.mpg.de/6683977/Psycholinguistik_JB_2013> [Zugriff am 20.05.2018].

Dudenredaktion (2006), *Duden – Die Grammatik: unentbehrlich für richtiges Deutsch*, Band 4, 7. Auflage, Mannheim: Dudenverlag.

Duden online. Verfügbar unter: <https://www.duden.de/rechtschreibung/schnattern#bedeutungen> [Zugriff am 29.07.2018].

Ehlich, K. (1986), *Interjektionen*, Tübingen: Niemeyer.

Elsen, H. (2014a), *Lautsymbolik*. Verfügbar unter: <http://hilke.elsen.userweb.mwn.de/hilke.elsen/Lautsymbolik.html> [Zugriff am 20.12.2018].

Elsen, H. (2014b), *Grundzüge der Morphologie des Deutschen*, 2. aktualisierte Auflage, Berlin/Boston: De Gruyter.

Elsen, H. (o. J.), *Lautsymbolik heißt, dass die Lautebene zum Träger von Informationen wird*. Verfügbar unter: <https://www.esv.info/aktuell/elsen-lautsymbolik-heisst-dass-die-lautebene-zum-traeger-von-informationen-wird/id/83131/meldung.html> [Zugriff am 20.05.2018].

Ewers, H.-H. (2002), Kinder- und Jugendliteratur. In: U. Ricklefs (Hrsg.). *Das Fischer Lexikon Literatur*, Bd. 2. Frankfurt am Main: Fischer Taschenbuch Verlag, 842–876.

Fries, N. (1988a), Interjektionen. Forschungsbericht 1, *Sprache und Pragmatik* 2, 24–36.

Fries, N. (1988b), Interjektionen. Forschungsbericht 2, *Sprache und Pragmatik* 9, 1–15.

Fries, N. (1992), Interjektionen, Interjektionsphrasen und Satzmodus. In: I. Rosengren (Hrsg.), *Satz und Illokution*, Band 1. Tübingen: Niemeyer, 307–341.

Glück, H. (Hrsg.) (2005), *Metzler Lexikon Sprache*, dritte, neu bearbeitete Auflage, Stuttgart/Weimar: Metzler Verlag.

Grimm, J. (1890), *Deutsche Grammatik*, Bd. 3, Gütersloh: Mohn.

Groß, M. (1988), *Zur linguistischen Problematisierung des Onomatopoetischen*, Hamburg: Helmut Buske.

Havlik, E. (1981), *Lexikon der Onomatopöien. Die lautimitierenden Wörter im Comic*, Frankfurt a. Main: Fricke.

Henne, H. (1986), *Jugend und ihre Sprache. Darstellung, Materialien, Kritik*, Berlin: De Gruyter.

Hermann, E. (1912), Über die primären Interjektionen, *Indogermanische Forschungen* 31, 24–34.

Hilmer, H. (1914), *Schallnachahmung, Wortschöpfung und Bedeutungswandel. Auf Grundlage der Wahrnehmungen von Schlag, Fall, Bruch und derartigen Vorgängen dargestellt an einigen Lautwurzeln der deutschen und englischen Sprache*, Halle: Niemeyer.

Hoving, I. (2006), In Praise of Imperfect Translations: Reading, Translating, and the Love of the Incomprehensible. In: P. Pinsent (Hrsg.). *No Child is an Island: The Case of Children's Translation*. Lichfield: Pied Piper Publishing, 37–44.

Hunt, P. (1990), *Children's Literature: The Development of Criticism*, London: Routledge.

Hunt, P. (1991), *Criticism Theory and Children's Literature*, Oxford, UK: Blackwell Publishers.

James, D. M. (1973), *The Syntax and Semantics of Some English Interjections*, Ann Arbor: University of Michigan.

Kaindl, K. (2004), Multimodality in the Translation of Humour in Comics. In: E. Ventola, C. Cassily, M. Kaltenbacher (Hrsg.). *Perspectives on Multimodality*. Amsterdam: John Benjamins, 173–192.

Klingberg, G. (1986), *Children's Fiction in the Hands of the Translators*, Malmö: CWK Gleerup.

Lewandowski, T. (1985), *Linguistisches Wörterbuch*, Heidelberg et al.: Quelle & Meyer.

Nübling, D. (2001), Von oh mein Jesus! zu oje! Der Interjektionalisierungpfad von der sekundären zur primären Interjektion, *Deutsche Sprache* 29, 20–45.

Nübling, D. (2004), Die prototypische Interjektion: Ein Definitionsvorschlag, *Zeitschrift für Semiotik* 26, 11–45.

Ortner, H. (2014), *Text und Emotion. Theorie, Methode und Anwendungsbeispiele emotionslinguistischer Textanalysen*, Tübingen: Narr.

O'Connell, D. C., Kowal, S. (2008), *Communicating with One Another. Towards a Psychology of Spontaneous Spoken Discourse*, New York: Springer.

Oittinen, R. (1990), The Dialogic Relation Between Text and Illustration: a Translatological View, *TexTconText* 5, 40–53.

Oittinen, R. (2006), No Innocent Act: On the Ethics of Translating for Children. In: J. Van Coillie, W. P. Verschueren (Hrsg.). *Children's Literature in Translation; Challenges and Strategies*. Manchester: St Jerome Publishing, 35–46.

Pugliese, R. (Hrsg.) (2020), *Michael Stavarič und Renate Habinger, Gaggalagu. Ein Kinderbuch – Deutsch versus Italienisch. Übersetzt und bearbeitet von Rossella Pugliese*, Bern: Peter Lang.

Puurtinen, T. (1998), Syntax, Readability and Ideology in Children's Literature, *Meta* 43/4, 524–533. Verfügbar unter: <https://doi.org/10.7202/003879ar> [Zugriff am 30.07.2018].

Reisigl, M. (1999), *Sekundäre Interjektionen*, Frankfurt a. M. et al.: Peter Lang.

Schippan, T. (1992), *Lexikologie der deutschen Gegenwartssprache*, Tübingen: Niemeyer.

Schmitt, P. A. (2006), Graphische Literatur, Comics. In: M. Snell-Hornby, H. G. Hönig, P. Kußmaul, P. A. Schmitt (Hrsg.). *Handbuch Translation*, Zweite, verbesserte Auflage. Tübingen: Stauffenburg, 266–269.

Schuppener, R. (2005), Möglichkeiten und Probleme der tschechisch-deutschen Übersetzung von Interjektionen und Onomatopoetika in der Kinderliteratur. In: E. Gracz-Chmura (Hrsg.). *Spojrzenia. Literatura polska, czeska i niemiecka. Problem translacji*. Krakau: TPPK, 137–150.

Schuppener, G. (2009), Onomatopoetika – ein vernachlässigtes Gebiet der Sprachwissenschaft und Sprachdidaktik, *Aussiger Beiträge, Germanistische Schriftenreihe aus Forschung und Lehre* 3, 105–123.

Schuppener, G. (2010), Onomatopoetika im Deutschen und Tschechischen als emotionales Ausdrucksmittel, *Studia Germanica* 6, 129–137.

Schuppener, G. (2013), Bildungsmuster von Onomatopoetika im Deutschen und Tschechischen. In: M. Nekula, K. Šichová, J. Valdrová (Hrsg.). *Bilingualer Sprachvergleich und Typologie: Deutsch-Tschechisch*. Tübingen: Stauffenburg/ Julius Groos, 159–176.

Schuppener, G. (2014), Onomatopoetika in der Werbung. In: G. Antos, R. Opiłowski, J. Jarosz (Hrsg.). *Sprache und Bild im massenmedialen Text. Formen, Funktionen und Perspektiven im deutschen und polnischen Kommunikationsraum*, Breslauer Studien zur Medienlinguistik 1. Wrocław/Dresden: ATUT/Neisse, 135–145.

Schwentner, E. (1924), *Die primären Interjektionen in den indogermanischen Sprachen: mit besonderer Berücksichtigung des Griechischen, Lateinischen und Germanischen*, Heidelberg: Carl Winter Verlag.

Schwitalla, J. (1997), *Gesprochenes Deutsch. Eine Einführung*, Berlin: Erich Schmidt.

Sierra Soriano, A. (1999), L'Interjection dans la BD: réflexions sur sa traduction, *Meta* 44/4, 582–603. Verfügbar unter: <https://doi.org/10.7202/004143ar> [Zugriff am 30.07.2018].

Sommer, F. (1933), Lautnachahmung, *Indogermanische Forschungen* 51, 229–268.

Sornig, K. (1986), *Holophrastisch-expressive Äußerungsmuster. Anhand der Onomasiologie und Semasiologie der interjektionellen und expressiven Ausdrucks- und Darstellungsmittel der trivial-narrativen Gattung „fumetti"*, Graz: Institut für Sprachwissenschaft der Universität Graz.

Trabant, J. (1998), *Artikulationen, Historische Anthropologie der Sprache*, Frankfurt/M.: Suhrkamp.

Treccani.it - Vocabolario Treccani on line. Verfügbar unter: <http://www.treccani.it/vocabolario/starnazzare/> [Zugriff am 29.07.2018].

Wierzbicka, A. (1992), The Semantics of Interjection, *Journal of Pragmatics: An Interdisc. Monthly of Language Studies* 18, 159–192.

Wilkins, D. (1992), Interjections as Deictics, *Journal of Pragmatics: An Interdisc. Monthly of Language Studies* 18/2, 119–158.

Wundt, W. (1904), *Völkerpsychologie: Eine Untersuchung der Entwicklungsgesetze von Sprache, Mythus und Sitte*, 2., überarb. Auflage, Bd. 1–2: Die Sprache, Leipzig: W. Engelmann.

Valero Garcés, C. (2000), La traducción del cómic: retos, estrategias y resultados, *Trans: Revista de traductología* 4, 75–88.

Indice dei nomi

Profili biografici degli autori

Fiorella De Rosa è ricercatrice di Lingua e letteratura albanese presso il Diparti-mento di Culture, Educazione e Società dell'Università della Calabria. Si occupa del recupero di testi antichi arbëreshë, attraverso la cura di edizioni critiche di testi letterari italo-albanesi del periodo della «Rilindja» (1836–1912); i suoi interessi di studio riguardano l'ambito linguistico, filologico e traduttologico. Dal 2015 si occupa di integrazione culturale, identità ed emigrazione con specifico riferimento alle nuove minoranze linguistiche. Filo conduttore delle sue analisi è la lingua, come veicolo di trasmissione e contatto culturale, come mezzo di espressione per narrare e raccontare le peculiari esperienze degli scrittori alba-nesi migranti che scrivono in italiano. Per i tipi della Rubbettino, ha pubblicato nel 2006 *Opera Omnia III. I Canti di Serafina Thopia di Girolamo De Rada*, Testo critico delle tre edizioni a stampa (1839, 1843, 1898) e traduzione italiana, nel 2010 *Opera Omnia IV. Storie d'Albania di Girolamo De Rada*, Edizione critica a cura di Fiorella De Rosa e traduzione italiana di Vincenzo Belmonte e nel 2018 *Opera Omnia V. Rapsodie albanesi di Girolamo De Rada*, Edizione critica delle due edizioni a stampa (1866, 1883) a cura di Fiorella De Rosa. Ha collaborato alla stesura dell'*Antologia della letteratura degli Albanesi di Calabria* (a cura di Altimari F., Berisha A., De Rosa F., Belmonte V.), Albanologia Vol. 8, Univer-sità della Calabria Dipartimento di Linguistica Sezione di Albanologia. Cosenza, pubblicato nel 2009.

Danilo De Salazar è docente di *Lingua e traduzione romena* presso il Diparti-mento di Studi Umanistici dell'Università della Calabria. In quanto membro del *Laboratorio di Ricerca sull'Immaginario e la Retorica* (LARIR) attivo presso lo stesso Dipartimento, ha affrontato negli ultimi anni lo studio di alcuni aspetti retorici, in particolare della sinestesia, all'interno del testo poetico romeno. In ambito letterario, le ricerche si sono concentrate inoltre sul tema dell'alte-rità nelle sue diverse declinazioni all'interno dell'opera di alcuni autori romeni moderni e contemporanei. Tra le sue più recenti pubblicazioni: *La sinestesia* (Aracne 2019) e *Poetica dell'altrove* (Rubbettino 2019).

Eleonora Federici (M.A. e Ph.D University of Hull, UK) è professoressa asso-ciata di Lingua e traduzione inglese all'Università di Ferrara. Le sue aree di ricerca sono i Translation Studies, i linguaggi specialistici e le varietà della lingua inglese. Ha coordinato progetti europei sulla traduzione e la memoria e pub-blicato saggi su riviste internazionali di traduzione letteraria e specialistica. Tra le sue pubblicazioni *The Translator as Intercultural Mediator* (2006), *Translating Gender* (Peter Lang 2011), *Bridging the Gap between Theory and Practice in Translation and Gender Studies* (2013 with Vanessa Leonardi, Cambridge Scholars), *Quando la fantascienza è donna. Dalle utopie del XIX secolo all'età contemporanea* (2015 Carocci) e il recente *Translation Theory and Practice Cultural Differences in Tourism and Advertising* (2018 Loffredo).

Alessandro Gaudio, laureatosi al D.A.M.S. di Bologna nel 1998 e perfezionatosi in *Italianistica* nel 2001 all'Università di Firenze, dal 2005 è dottore di ricerca in *Scienze letterarie. Retorica e tecniche dell'interpretazione*. Ha lavorato presso le Università di Malta e della Calabria. Presso il Dipartimento di Culture, Educazione e Società dell'Unical continua la sua attività in qualità di ricercatore e professore aggiunto. Nel 2014 ha ottenuto l'Abilitazione Scientifica Nazionale come professore di II fascia di Letteratura Italiana Contemporanea; la stessa gli è stata rinnovata all'unanimità nel 2019. Tra i suoi lavori più recenti si ricordano *Il romanzo del Sud. Reportage etnologico-letterario sulla civiltà meridionale nel secondo dopoguerra e sull'attualità della sua rappresentazione* (2017) e *Gli anelli di Saturno. La crisi del reale e l'immagine delle cose in letteratura* (2020).

Matteo Lefèvre (Roma, 1974) è professore associato di Lingua e traduzione spagnola presso l'Università di Roma "Tor Vergata". Ha pubblicato due monografie sulla lirica e sulla lingua letteraria del Cinquecento spagnolo in relazione all'Italia: *Una poesia per l'Impero. Lingua, editoria e tipologie del petrarchismo tra Spagna e Italia nell'epoca di Carlo V* (Vecchiarelli, 2006); e *Il potere della parola. Il castigliano nel '500 tra Italia e Spagna (Grammatica, Ideologia, Traduzione)* (Vecchiarelli, 2012). Ha curato e tradotto antologie italiane di diversi poeti di lingua spagnola, tra cui José Agustín Goytisolo, *Poesia civile* (Giulio Perrone Editore, 2006); Gabriela Mistral, *Canto che amavi* (Marcos y Marcos, 2010); Jacobo Cortines, *Passione e paesaggio* (Elliot, 2017); e Nicanor Parra, *L'ultimo spegne la luce* (Bompiani, 2019). Fa parte del Comitato scientifico della rivista «Diacritica» e del «Wilcock Festival», ed è membro di diversi progetti, associazioni e giurie letterarie italiane e internazionali. Ha collaborato a rubriche giornalistiche e programmi RAI e partecipa attivamente alle iniziative dell'Instituto Cervantes e di altri enti legati alla promozione della cultura iberica in Italia alternando l'impegno accademico all'attività divulgativa. Sul fronte della didattica della traduzione ha pubblicato il manuale *La traduzione dallo spagnolo. Teoria e pratica* (Carocci, 2015). In ambito editoriale svolge da vari anni attività di consulenza letteraria e cura corsi e workshop di traduzione per varie case editrici.

Anne Marie Miraglia è professore ordinario del Department of French Studies presso l'Università di Waterloo. Ha pubblicato due libri, *L'Ecriture de l'Autre chez Jacques Poulin* e *Des Voix contre le silence* e numerosi articoli sui romanzi quebbecchesi e sulla narrativa magrebina scritta in francese. Le sue ricerche hanno riguardato principalmente l'intertestualità, il dialogismo e le tecniche narrative, l'immagine della donna e i temi dell'esilio e dell'immigrazione nei romanzi francofoni.

Annafrancesca Naccarato è professore associato di Lingua e traduzione Francese (SSD L-LIN/04) presso il Dipartimento di Studi Umanistici dell'Università della Calabria e Coordinatore dei Corsi di Laurea in Lingue e Culture Moderne e in Lingue e Letterature Moderne. Fa parte del «Laboratorio di Ricerca sull'Immaginario e sulla Retorica» (LARIR) diretto da Gisèle Vanhese, nell'ambito del quale è responsabile della sezione «Immaginario». Fa parte del Collegio dei Docenti del «Dottorato Internazionale di Studi Umanistici Testi, saperi, pratiche: dall'antichità classica alla contemporaneità» – Università della Calabria. È membro della «Società Universitaria per gli Studi di Lingua e Letteratura Francese» (S.U.S.L.L.F.), del «Centro di Documentazione e di Ricerca per la Didattica della Lingua Francese nell'Università Italiana» (Do.Ri.F), della «Société Française de Traductologie» (SoFT), della «Società Italiana di Comparatistica Letteraria» (S.I.C.L.) e dell'«Associazione Italiana di Studi del Sud-Est Europeo» (AISSEE). Le sue ricerche sono incentrate, da un lato, sulle premesse teoriche del processo traduttivo, con particolare riferimento alle tecniche e alle strategie di traduzione attuate nel passaggio dal francese all'italiano e dall'italiano al francese e, dall'altro, sull'approfondimento di problematiche riguardanti gli ambiti della stilistica, della retorica e dell'immaginario. Tra le pubblicazioni più significative, oltre a diversi saggi, tre monografie: *Poétique de la métonymie. Les Traductions italiennes de «La Curée» d'Émile Zola au XIXe siècle* (2008), *Traduire l'image. L'œuvre de Gaston Bachelard en italien* (2012) e *La Métaphore entre langue et discours* (2020). Nel 2014 ha curato la traduzione, con relativa prefazione, dell'*Ulysse* di Benjamin Fondane.

Maria Panetta è dottore di ricerca in Italianistica (2004) e Formatore di lingua italiana. Per due anni ha coordinato il "Tutorato per l'italiano scritto" della "Sapienza", progetto d'Ateneo diretto da Luca Serianni. Esperto di alta qualificazione presso l'Ateneo romano, vi insegna a contratto dal 2005, essendo stata docente anche presso l'Università degli studi di Roma Tre. Nel 2013 ha vinto il Premio "Marino Moretti per la filologia, la storia e la critica", sezione "Filologia", per l'edizione critica del *Carteggio 1902–1914* tra B. Croce e G. Papini (Storia e Letteratura 2012). Entrata in ruolo tramite concorso nella scuola secondaria superiore, ha insegnato italiano, storia e geografia in un liceo artistico per un anno. Nel 2014 ha conseguito l'Abilitazione Scientifica Nazionale come professore associato di Letteratura italiana contemporanea, confermata nel 2018, e ha fondato la rivista accademica «Diacritica» (<www.diacritica.it>). Nel 2018 ha ottenuto l'ASN come professore di II fascia anche di Linguistica e Filologia italiana e di Critica letteraria e letterature comparate. Dal 2015 lavora al Rettorato della "Sapienza", nella Direzione Generale, come funzionario. Ha partecipato come relatrice a numerosi convegni anche all'estero, e pubblicato su rivista e in miscellanee svariati saggi di critica letteraria e storia dell'editoria. Fra i libri: le monografie *Croce editore* (Ed. Naz. Bibliopolis 2006) e *Guarire il disordine del mondo. Prosatori italiani tra Otto e Novecento* (Mucchi 2012, Premio internaz. S. Quasimodo); e le curatele: *La Velia* di B. Cicognani (Mauro Pagliai Ed. 2015); *Fra Mediterraneo e Mitteleuropa: Trieste e la letteratura*, e *La luna, il colle e i maccheroni: individuo e società in Leopardi* (entrambe Diacritica Ed. 2019).

R. Rossella Pugliese è professore associato di Lingua e traduzione tedesca presso l'Università della Calabria. Ha studiato lingue e letterature moderne presso l'Università della Calabria e ha conseguito un dottorato di ricerca (PhD) presso la Pädagogische Hochschule di Schwäbisch Gmünd (Germania). Ha insegnato presso l'Università di Augsburg e in altre istituzioni pubbliche e private in Germania. E' membro della rete internazionale di ricerca per gli studi di germanistica interculturale (IFNIG), la rete REI, la Rete di Eccellenza dell'Italiano istituzionale (Roma/ Bruxelles) e l'Associazione dei Germanisti italiani (AIG). I suoi interessi di ricerca includono il tedesco come lingua straniera, con un particolare interesse per le nuove tecnologie, il counseling linguistico, la letteratura interculturale e la traduzione. Su questi argomenti ha pubblicato in Italia e all'estero. Come parte delle sue attività internazionale, è Coordinatore di un programma di "doppia laurea" italo-tedesca. Tra le ultime pubblicazioni figurano: *Sprachtheorien. Elemente, Konstellationen und Probleme in ausgewählten sprachphilosophischen und kommunikationstheoretischen Schriften*, Münster und New York 2018; „Cock-a-doodle-doo cock cock! Cocorico, cocorico! Ququququ! Kuckeliku: E pluribus unum – Fremdsprachendidaktik (DaF) im italienischen Hochschulkontext mit Kinder- und Jugendliteratur am Beispiel von Michael Stavaričs Kinderbuch *Gaggalagu*", in: Andrea Bartl, Ina Brendel-Perpina (Hgg.), *Ästhetische Grenzüberschreitungen. Eine literaturwissenschaftliche und literaturdidaktische Erschließung des bisherigen Gesamtwerks von Michael Stavarič*, Würzburg 2018; „Die dialogische Sprache in literarischen Sprachbiografien als Mittel zur Rekonstruktion der Identität", in: Monika Wolting (Hrsg.), *Identitätskonstruktionen in der deutschen Gegenwartsliteratur*, Göttingen 2017, S. 181–193; „Blended Learning in GFL-lessons in Italy – a real added value?", *Gfl-journal*, 2 (2016), S. 123–143.